没有教不好的孩子，
只有不会教的父母

和平坤 著

北京理工大学出版社
BEIJING INSTITUTE OF TECHNOLOGY PRESS

版权专有　侵权必究

图书在版编目（CIP）数据

没有教不好的孩子，只有不会教的父母 / 和平坤著. —北京：北京理工大学出版社，2019.12
ISBN 978-7-5682-7632-0

Ⅰ. ①没… Ⅱ. ①和… Ⅲ. ①家庭教育 Ⅳ. ①G78

中国版本图书馆CIP数据核字（2019）第217066号

出版发行 / 北京理工大学出版社有限责任公司	
社　　址 / 北京市海淀区中关村南大街5号	
邮　　编 / 100081	
电　　话 /（010）68914775（总编室）	
（010）82562903（教材售后服务热线）	
（010）68948351（其他图书服务热线）	
网　　址 / http://www.bitpress.com.cn	
经　　销 / 全国各地新华书店	
印　　刷 / 大厂回族自治县德诚印务有限公司	
开　　本 / 880毫米 × 1230毫米　1/32	
印　　张 / 7.5	责任编辑 / 潘　昊
字　　数 / 160千字	文案编辑 / 潘　昊
版　　次 / 2019年12月第1版　2019年12月第1次印刷	责任校对 / 周瑞红
定　　价 / 45.00元	责任印制 / 施胜娟

图书出现印装质量问题，请拨打售后服务热线，本社负责调换

前言

当孩子发脾气的时候,您理解他吗?

当孩子哭泣的时候,您理解他吗?

当孩子抱怨作业多,甚至出现厌学情绪的时候,您理解他吗?

当孩子对某位老师的做法有意见的时候,您理解他吗?

当孩子迷恋网络游戏,整天不回家的时候,您理解他吗?

当孩子离家出走时,您理解他吗?

每当被问这个问题:"您能理解孩子为什么会这样吗?"大多数父母支支吾吾回答不上来。

实际上这正是问题的根本所在——不是孩子出了问题,而是父母出了问题。

本书精心结集了国内外亲子育儿专家的教育心得和经验,颠覆只从孩子身上找问题的传统,立足于从父母身上找问题,帮助父母冷静地换位思考,真正地去理解孩子。

本书通过十个章节,多角度分析了亲子关系里的秘密,用生活中常见的场景细节,详尽地分析家庭教育中遇到的各种问题及解决方法。

本书力图帮助各位父母,用敏锐的洞察力和理解力,和孩子一起共度许多关键时刻。促使父母在家教中获得成长,在实践中累积具体可操作的经验和方法。

爱是自然的事,但塑造亲密的亲子关系却需要技巧。本书为父母提供了有效的方法塑造亲子关系,在情感教育、亲子沟通、引导孩子、情绪管理、能力培养等方面,都提供了对应的方法和技巧,这些行之有效的方法,能够帮助父母重塑亲子关系。

通过阅读本书,相信能让父母少走一些弯路,多争取一些时光,打造更健康的亲子关系,一起迎接更美好的未来。

目录

1 对号入座，你是哪一种父母？

权威型父母 / 002

专制型父母 / 008

溺爱型父母 / 013

急于求成型父母 / 019

2 坏脾气的父母，毁掉孩子的一生

好妈妈也会有坏脾气 / 024

坏脾气对孩子的影响 / 029

如何改善父母的坏脾气 / 032

控制好一天中容易发脾气的3个时间点 / 038

3 心灵暴力，是父母极易忽视的软暴力

不要轻视孩子 / 046

不要威胁恐吓孩子 / 053

不要羞辱斥责孩子 / 062

切忌期望过高 / 067

4 引导胜于控制，淘气孩子更具创造力

孩子为什么会淘气？ / 076

淘气不是判断孩子好坏的标准 / 081

正确对待调皮孩子的淘气行为 / 087

5 叛逆期的孩子，重在引导而非逼迫

2至4岁——宝宝叛逆期 / 100

6至8岁——儿童叛逆期 / 111

14至16岁——青春叛逆期 / 117

6 自主选择而非参与，培养孩子的选择能力

孩子越会选择，未来越优秀 / 128
怎样培养孩子自主选择的能力 / 136
自主选择，培养孩子的责任感 / 141

7 直接鼓励：让孩子充满正能量

爱和理解是对孩子最强大的鼓励 / 152
通过鼓励，做孩子学习上的引导者 / 157
关于鼓励的误区 / 164

8 不压抑情绪，鼓励孩子合理释放情绪

鼓励孩子"说出你的感受" / 170
直面负面情绪 / 177
如何帮助孩子减少负面情绪造成的影响 / 182

9 期望胜于高压，期望值要适当

不要让期望成为孩子的负担 / 190
合理的期望才是孩子成长的动力 / 200
合理期望，更需要合理化引导 / 206

10 放手去爱，你会发现孩子其实很优秀

换一个角度看孩子的缺点 / 214
爱孩子不需要条件 / 221
好的亲子关系大过所有的教育 / 225

对号入座，你是哪一种父母？

父母的教养方式决定了孩子成长的结果。如果发现孩子哪里不对，父母肯定要先反观自己是否有不对之处。但很多父母对于自己的教养方式并不自知，甚至越高知的父母，越容易执迷于自己的判断力和观念。

Chapter 1

权威型父母

"权威"这个字眼儿,似乎有些倒退,因为眼下正提倡在家里"讲民主""和孩子做朋友"。提到"权威",父母通常会有以下几种认知误区:

(1)权威就是父母在家里有地位、有威信,孩子听父母的话。

(2)权威就是蛮横、不讲理,在孩子面前树立权威等于不尊重孩子、没有平等地对待孩子。

(3)在孩子面前讲权威,会激起孩子的逆反心理,这样孩子就更不会听话了。

(4)权威型父母会给孩子规定条条框框,无法让孩子快乐成长。

以上所举例的四种理解方式实际上是父母对"权威"一词的误解。这些误解,都是源于没有理解权威型养育的本质,把尊重孩子、爱孩子和迁就孩子、溺爱孩子混淆了,把专制误认为权威;只看到了父母对孩子的要求,没有看到权威型教养要求父母对孩子做出的积极反应。

权威不等于控制

真正的权威型教养是指,既尽力为培养孩子创造极佳的成长环境,又确定明确的限制。这种类型的父母会对孩子提出合理的要求,并且会谨慎地说明要求孩子遵守要求的原因,保证孩子能够遵从指导,同时又充分考虑孩子的需求。既对孩子的行为有限制,又懂得如何爱孩子。他们对自己的行为做出解释,同时也允许孩子有主见。

权威型父母意味着指导孩子,而绝不意味着控制。

权威型父母欣赏孩子的独立性,善于培养他们对家庭、同伴和社会的责任感,鼓励和赞扬孩子独立自主的能力,反对孩子依赖父母和幼稚的行为。

权威型父母会努力"看见"孩子的需求,接纳孩子的观点并给予回应。这类父母还会征求孩子对家庭事务的意见。因此,权

威型父母能够认识并尊重孩子的观点，以合理、民主，而非盛气凌人的方式去引导孩子。这是一种具有控制性但又比较灵活的教养方式，也可称之为民主型。

在权威型的教养方式下，孩子一般会发展为心情愉快、积极主动、独立、有目标感、有责任意识、有担当、能与人进行良好合作的人。

怎样做一个"权威型"父母

做一个权威型父母的基本原则是管教与爱并济，给予孩子充分的爱，信任孩子，在合理范围内限制孩子，尽力避免情绪化地教育孩子，用言行一致、说话算话来取得孩子的信任。

父母想要做到权威型教养，关键是把握好权威与专制、纵容之间的度：如果父母过分追求威信，就会往专制型发展，而如果不能正确理解自由与规则之间的关系，放任孩子，又会往纵容型方向走去。具体有以下几种方式：

1. 给孩子建设性的关怀

建设性的关怀意味着父母要为孩子提供良好的情感环境，并且以一种孩子能够接受的方式支持他。

这种建设性的关怀远远超出孩子取得好成绩时的表扬或简单的拥抱。父母想要为孩子提供具有建设性的关怀，则需要积极参与到孩子的情感生活当中，以和孩子一起玩游戏的方式参与到孩子的活动中，从而接近孩子的思想和生活。

2. 给孩子积极的约束

父母给孩子一些积极的约束，能够有效地"对付"孩子调皮捣蛋的行为。父母在制定约束的时候要确保这些约束是具有积极意义、经过深思熟虑并且与孩子的年龄相适应的。

如何能够制定出具有积极意义的约束，父母应当遵从以下几点简单的原则：

（1）将限制和规定清楚地写下来，并坚持遵守。当孩子做错事时，限制他的行为，同时告诉他可以做什么。

比如，一个5岁的孩子在乘坐公交车时，因顽皮将手中的饮料打翻在了地上，不仅不道歉，还用脚踩地上的饮料，大声叫嚷。

不恰当的做法：生气地当众训斥孩子，或者以孩子小为由不追究孩子的过错。

恰当的做法：明确地告诉孩子这样做是错误的，公交车是公共场所，人人都应当维护公共场所的卫生，在公共场合大声喧哗同样是不礼貌的。父母应当为孩子的行为明确界限，让他自行清理地面的饮料，同时向周围的乘客道歉。

（2）用表扬或奖励来肯定孩子好的行为，以此塑造孩子积极的行为，并且鼓励孩子继续保持积极行为。

比如，一个6岁的孩子不小心在公交车上打翻了饮料，孩子不仅礼貌地向周围的乘客道歉，还蹲下身子自行清理饮料的污渍。

不恰当的做法：对孩子的礼貌行为视而不见，或者心中赞同但口头上和行为上并未表现。

恰当的做法：大方地表扬孩子的这一做法，向孩子竖起大拇指，对孩子说"你真棒"，并且可以给孩子一些实质性的奖励，如玩具、糖果等。

（3）明确孩子的价值观、社会准则，并且让孩子意识到二者的重要性，同时以正确的方式引导孩子弥补错误。

比如，一个4岁的孩子经常把玩具弄坏，或者把图书撕烂，虽然爸爸妈妈说过多次，但孩子总是不听。

不恰当的做法：父母向孩子吼叫"我告诉过你要爱护玩具和书籍，你怎么就不听啊"。

恰当的做法：父母不应该一味指责孩子，而应该用具体的行为告诉孩子究竟什么是"爱护玩具""保护书籍"。孩子把书撕坏了，就手把手教他补好；孩子把玩具拆散了，就一起把玩具拼好。同时，和孩子一起补书、修玩具，也是一种亲子互动，能够增进亲子之间的感情。

（4）如果孩子违反了制定的规则，则父母应当给予适当的惩罚。需要注意的是，父母惩罚孩子时，程度一定要适宜，过重过轻都会影响教育孩子的效果。父母可以尝试用表1-1中列出的惩罚方式。

表1-1 适宜的惩罚方式

方式	内容描述
面壁	如果孩子在公共场合捣乱,那么父母可在回家之后使用面壁的方式让孩子反思自己刚才犯下的错误
剥夺一项特权	当孩子大了一点时,剥夺一项特权是一种效果很好的惩罚方式,比如不让看电视、玩游戏机等,但应注意不要剥夺对孩子成长有利的特权
过度矫正	孩子捣乱时,让孩子重复正确行为至少10遍,或持续20分钟
行为分数制度	当孩子能准确地做出好的行为时,便给他加分,并得到奖励。相反,当孩子有调皮捣蛋行为时就会减分,当分数到一定数目时便会受到适当的惩罚

专制型父母

很多懂事的乖孩子，是在父母的专制之下长大的。他们唯有满足父母的要求，成长为父母期待的样子，才能获得父母更多的关注和关爱，换来更多的称赞和夸奖。

例如，在应试教育环境下，很多只知道学习的懂事的孩子，并非对学习很有兴趣，而是为了满足父母的期待，不得已而学习。一旦他们进入大学，失去了父母的推动，就会失去继续学习的动力，找不到人生的方向感，从而导致后劲不足。

什么是专制型父母

专制型的父母通常无法敏感觉察到孩子的冲突性观点，只是希望孩子能够将他们所说的话当作"圣旨"，接受他们所给予的一切。这类父母常常会过度相信自己，并且认为自己都是为孩子好。专制型父母试图给孩子安排好所有的东西，把孩子培养成乖宝宝，让孩子不需要有多大的成就，只要安心接受自己的安排、做一个听话的好孩子就好。

专制型父母通常会提出很多种规则，希望孩子严格遵守。

一般他们不会跟孩子解释这些规则的必要性，而是强迫孩子去顺从。这也导致专制型教养方式的限制性很强。

专制型父母最大的特点是：把孩子当作自己的私有财产，认为自己对孩子拥有绝对的权力，凡是跟孩子有关的事情他们都要严格把关。如果孩子不顺从，他们或大发雷霆，以武力或者言语暴力让孩子屈服；或以悲惨、自我牺牲的形象引发孩子的内疚，让孩子懂事地"体谅父母的苦心"。

在我们周围，经常看到专制的父母，只要孩子稍稍做得不合己意，这些父母轻则呵斥、怒骂，重则否定、讽刺。而他们的孩子，往往会出现以下现象，要不就是老实、听话、没主见；要不则是逆反心理强、做事冲动、急躁。而两者最大的共同点则是做事欠思考。

面对这种专制型父母，孩子要么发展成为"对抗型"，要么变成"软弱型"。专制型教养方式下的孩子成长类型如表1-2所示。

表1-2 专制型教养方式下的孩子成长类型

专制型父母的孩子类型	特　点
对抗型孩子	对父母产生敌意，并以明显的行为方式显露出来，如叛逆行为、言语顶撞、离家出走、敷衍、回避交往等
软弱型孩子	绝对服从父母、丧失掉独立思考的能力

专制型父母的类型

专制型父母会给孩子带来巨大的压力,其教养方式不利于孩子健康的成长。那么,为什么会产生专制型父母呢?专制型父母的特征又有哪些呢?一般情况下,将专制型父母分为以下三种类别。

1. 固执的父母

固执的父母遍及我们的周围,这类父母的思想通常十分古板,深深地受到几千年流传下来的传统文化、思想、观念等方面的影响,认为自己的经验比孩子要多,认为孩子出于孝道应当遵从自己的命令。如果孩子不肯听从自己的意见或建议,就会轻易地给孩子安上"不懂事""任性""叛逆"等标签。

这类父母往往不擅长与人沟通,刚愎自用,即使犯错也不会轻易地承认自己的错误,反而为自己的错误寻找借口开脱。

2. 强势的父母

在专制型父母当中有相当一部分是性格强势的人,性格强势的父母一般是在某些方面取得一定成功的人。

他们的性格特点是雷厉风行、果断、做事有魄力。他们对自己的做事能力充满自信。他们认为,只要他们愿意做,就没有办不成、做不好的事,可以说他们的成功很大程度也离不开这些性格上的优势。然而就在这些成功者眼里,世上却有一件事令他们大伤脑筋甚至心力交瘁,那就是对子女的教育。

强势的父母在子女教育前面可谓想尽、用尽一切能想、能用的办法,可是结果却不尽人意:孩子特别叛逆和调皮——这在专制父母下培养出的孩子当中占多数。不会管和没时间管是造成这种孩子出现的主要因素，如一些飞扬跋扈、为所欲为的富二代、官二代等。

3. 好胜心强的父母

好胜心强的父母往往具有较高的知识和文化水平，思想和眼界较为开阔。在为人父母、教育子女方面他们不会拘泥于过去传统的教育方法和观念，更不会死抱某一理念，而是以开放的心态不断地在学习和成长着。

这类父母在子女教育上有一个软肋软肋：好胜心。尤其在当今竞争激烈的社会，本来充满正能量的好胜心，在自己的子女教育中却成了急功近利、揠苗助长的负面词语。

看看当前名目繁多、门庭若市的各类兴趣班，就可以知道这些父母是多么害怕自己的孩子在各方面落后于其他孩子。

因此对于好胜心强的父母来说，面对孩子间的激烈竞争，不能对孩子过于严格和苛求,因为这种严格和苛求稍一过头,就变成了专制。

除了以上列举的三种不同类型的专制型父母,专制型教养方式的形成还与父母的观念有着密不可分的联系。

比如,在心理认知方面,一些父母把孩子当成自己的私人物品,想打则打,想骂则骂,外人若劝阻,就会呵斥对方多管闲事,说:"这是我的孩子,你管不着!"

再如,有一些父母在观念、认识上趋同于老一辈传下来的根深蒂固的传统教育观念,认为"不打不成材""棍棒底下出孝子",这些观念成了他们对子女教育实行专制教育的最好理由和借口。

不管怎么说,教育路上,父母应该保持一颗开放、不断学习和进取的心。否则,一味地固守与僵化,实行以强势控制孩子身心为核心的简单、粗暴的专制教育方式,不仅仅使亲情受伤害,而且对于子女的教育和成长也会带来巨大伤害。

溺爱型父母

在孩子的成长过程中，有的父母认为给予孩子更多的照顾、更多的爱是理所当然的。在很多独生子女家庭当中，孩子在成长过程中，更多地受到了长辈的悉心照顾。这些父母认为，只有事事关心才能让孩子茁壮成长。

由于这种心理，"只看优点不看缺点""只表扬不批评""爱孩子就别管孩子""让孩子尽情地玩""从小就要给孩子最大的自由和快乐"等口号盛行。父母心中逐渐产生"放纵孩子是出于爱心"这一错误观念。

什么是溺爱型父母？

纵容型教养方式就是我们常说的溺爱型教养，是一种父母完全接纳孩子且放纵孩子的教养方式。

这种类型的父母有较少的要求，允许孩子自由地表达自己的感受和冲动，但不能够密切监视孩子的行为，很少对孩子的行为进行控制，缺乏规则，无限制满足，尤其在物质满足上缺少限制。

溺爱有两种：包办型溺爱和纵容型溺爱。

（1）包办型溺爱的父母把孩子的一切都安排好了，孩子不动手就可以得到一切，他们不鼓励甚至不喜欢孩子自己去解决问题。

在中国，包办型的高度溺爱一般都伴随着一个高要求：好成绩。也就是说，包办型溺爱是交换性的，父母替孩子安排好一切，但孩子要回报一个好的学习成绩。

（2）纵容型溺爱的父母，孩子要什么就给什么，不管多么小、多么不合理的要求，他们都会拿出全部力气去满足。

被溺爱的孩子幸福感可能没有直接锻炼的孩子幸福感多，这是因为，被溺爱的孩子往往认为这种爱是理所应当的。一旦走出家庭，则会遭遇诸多打击。

他们会发现几乎所有的人都会因为自己的自私而不喜欢自己。这种孩子要么继续不受欢迎下去，要么要很痛苦地改变自己。

早教专家冯德全教授说："会生煤炉的孩子最懂得工作的步骤，因为积累了经验，掌握了规律，他的能力在各种场合又可以融会贯通，而很少劳动、娇生惯养的孩子就会失去这些锻炼的机会。"

你溺爱孩子了吗？

溺爱，是父母对子女一种畸形的爱，往往会丧失自己的原则，被溺爱的孩子往往表现出以自我为中心、独立能力差、挫败感强、骄横脆弱等特点。

溺爱型父母总是说"孩子还小，大人只是宠了点"，几乎没有父母会主动承认自己溺爱孩子。其实，溺爱型父母常常认为自己在很小心地呵护孩子。正因为这种判断偏差，溺爱型父母通常不会主动去改变自己的教育风格。

虽然许多父母都知道溺爱是不对的，但是却分不清楚怎样才算是溺爱，在此我们总结了几种溺爱的表现。

1. 对孩子的要求事事满足

溺爱型父母最典型的特点就是答应孩子提出的一切要求，甚至会毫无底线地满足。对于孩子要玩具、零食、零花钱等行为，父母不讲究次数、数量和实际情况，一律满足孩子的需求。

如此教育出的孩子必然没有节约的意识，没有吃苦精神，稍有不顺就发脾气。

2. 给予孩子特别的关注

溺爱型父母常常会给孩子过分的关注度。

例如，在很多溺爱型家庭当中，孩子成为家庭娱乐的焦点，只要家里来人，孩子就成为小明星，众星捧月，掌声不断。这样做很容易导致孩子认为自己是世界的中心，从而变得虚荣心特别强。

除此之外，尤其在独生子女家庭当中，孩子成为家里的掌上明珠，事事高人一等，处处被单独照顾。家中长辈万事先想着孩子高兴，这样的溺爱会让孩子变得自私自利，缺少感恩心、同情心。

3. 对孩子的过错过分袒护

溺爱型家庭中，另一个十分常见的问题就是家中长辈对于孩子的错误过分袒护，当孩子犯了错时，总有人站出来护着。父母总是以"孩子还小不懂事，长大就好了""这些事需要慢慢教"等理由为孩子开脱。

如此一来，孩子不能正确地认识错误，长此以往便会失去是非观念，形成嚣张跋扈的性格。

4. 对于孩子保护过度

溺爱型父母往往对孩子保护过度。这类父母为了孩子的安全，剥夺了孩子探索的能力，上学陪着、买东西陪着、聚会游玩陪着，父母能跟着的一切项目都想参与，把孩子藏在自己的翅膀底下，生怕出一点意外。

长此以往，孩子会变得胆小无能、依赖心理强，最终导致不能适应社会竞争。

5. 不规范孩子的作息

溺爱型的父母没有规范孩子的作息规律，孩子自由散漫，养成睡懒觉、不洗漱、贪玩、做事拖沓等不良习惯。这样的孩子长大以后缺乏上进心，没有拼搏精神，日子得过且过。

6. 为孩子包办一切事务

溺爱型父母包办了孩子一切大小事务，小时候帮忙穿衣服，长大了帮忙洗衣服，甚至连饭后刷碗、起床叠被子这样的事情都由父母包办。长此以往，导致备受溺爱的孩子最终失去了自主生活的能力。

7. 父母委曲求全

很多溺爱型的父母看起来很卑微，凡事都需要哄着孩子做。孩子做任何事情都要求利益的交换，例如孩子小的时候用糖哄着做，孩子长大后用零花钱等物质奖励哄着做。

往往父母越委曲求全、央求孩子，孩子越变本加厉、扭捏作态，长大以后也没有责任心、诚信度，信誉丧失殆尽。

8. 父母过分心软

溺爱型的父母常常"心太软"。许多父母特别害怕孩子哭闹，只要听见孩子哭声，心立刻就软了下来，"哭闹"也成了孩子制约父母的撒手锏，他知道只要自己哭，父母就会妥协。

这类父母经常对孩子心软，易导致孩子特别任性、自私、无情，认为自己在任何情况下只要"哭"就能够解决问题。

急于求成型父母

如今很多父母十分焦虑，养育孩子根本没有缓急节奏，甚至无视一些人跟人相处时的基本原则，毫无"静待花开"的态度，期待每一个跟孩子有关的事儿都能即刻生效、立刻搞定。这类父母便是急于求成型父母。

急于求成型父母不愿等待，最常见的有两种表现形式。

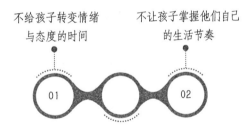

不给孩子转变情绪与态度的时间

很多时候，父母不给孩子预留转变情绪和态度的时间，而要求孩子像成年人一样能够立刻转变思路、控制情绪。更多时候，会听到父母对哭闹的孩子说"别哭了！别吵了！"，但是很少会听到父母对孩子说"如果你难受的话,那么你可以在这儿哭一会儿"。

大量的父母会要求孩子在悲伤、愤怒、嫉妒、消沉的时候立刻终止不良情绪,甚至要求孩子在三秒内重新恢复积极的笑脸。但是,想想也知道,这怎么可能呢?

大人遇到烦心事往往也会心情低落半天,孩子本身认知和控制能力就不完善,怎么可能在一瞬间就转变情绪?凭什么孩子就不能在负面情绪里沉浸一会儿?

父母的这些做法,对于孩子的情商有相当的负面影响,也会让孩子失去与自身情绪好好相处的机会,降低孩子处理自身负面情绪的能力。

不让孩子掌握他们自己的生活节奏

急于求成型父母过度主动、过度干预孩子的生活，导致孩子很难在成长的过程中逐渐学会掌握自己的生活节奏。

对不少孩子来说，起床、吃饭、学习、社交、锻炼、休息……一直在被父母安排。这往往会导致孩子的独立性严重缺失，对于生活的主动掌控能力一直没有机会得到培养。

随着孩子能力的不断提升，父母应该给孩子出让更多的掌控力。很多孩子接受被动管理习惯了，待上了大学甚至走上工作岗位，才开始做些对自身主动管理的事情，其中的能力短板不言而喻。

坏脾气的父母，毁掉孩子的一生

这世上有一种东西是百害而无一利的，那就是发脾气。教育孩子也是如此。发脾气是教育的最大死敌，脾气越大，教育效果也越差。

好妈妈也会有坏脾气

有位妈妈苦恼道:"我一直告诫自己要做一个称职的妈妈,要民主、自由,但是孩子却越来越骄纵,对父母的要求一概不听,但凡让他做点事情便发牢骚。因此,我总是控制不住自己的坏脾气,渐渐开始训斥甚至打孩子。"

相信,这位妈妈的苦恼也是不少父母普遍的苦恼之处。经常会有父母不能控制自己的情绪,向孩子吼叫,甚至痛打孩子。在伤害孩子之后,父母则会因为失手打伤孩子而后悔不已。这样的坏脾气父母并不少见。那么,父母的"坏脾气"又是从何而来呢?

"坏脾气"并非父母本意

每个人都有心情不好的时候,再完美的父母也会生气,只不过有的父母在发脾气之前就意识到,并且控制住了自己的情绪;有的父母是在发泄之后才意识到对孩子造成了伤害,才觉得后悔。

心平气和的父母知道:如果我们在心情平静的情况下处理孩

子的问题，效果一定更好。但是父母一旦怒气冲天，就会将这一切完全忘记，直到失去控制。盛怒之下的父母往往不经过思考就会下意识地做出相应的反应。

其实，父母的"坏脾气"在大多数情况之下并不是其本意。看到孩子的行为不符合要求，便向孩子发脾气，往往是因为父母认为：作为父母，有责任控制孩子，不让他们犯错，不让孩子做违反规则的事情。

因此，一碰到孩子不按自身的意愿行事的情况，"坏脾气"便会一触即发。父母顿时完全忘记控制自己的情绪，忘记在向孩子发怒之前停下来，忘记花点时间思考一下当前的情况。

如果父母不想在孩子面前失去控制，最好的办法是父母要认识到自己快要生气了，自己为什么会生气。

不管我们发现孩子的行为多么气人,他们的行为其实都不是引起我们愤怒的真正原因。那么引起我们生气的真正原因是什么呢?原因有以下三个方面:

(1)因孩子不与自己配合而产生的挫败感。父母看到孩子错误行为时,第一反应便是教育孩子。但往往教育孩子并不简单,父母经常会遇到开篇那位妈妈所说的情况。孩子对于父母的教育置若罔闻,不愿意与父母配合。

这样,父母会因孩子的不配合而产生挫败感,在这种挫败感的驱使之下,父母的坏脾气被激发出来。

(2)因自己教育方法的无效而产生的失落感。孩子的不配合,紧接而来的就是父母产生失落情绪,并且父母会产生这样的想法:我的教育方法没有效,我是一个失败的父母,周围的亲戚朋友一定会认为我很失职。

这样一连串的负面想法,最终导致父母的情绪失控。

(3)社会压力带来的"坏脾气"。现代社会中,每个人都"压力山大",许多时候父母在外辛勤工作一天,回家之后又要操持家务。人若是长时间负担超出自己体力和能力范围的事务,难免会引发烦躁情绪。因此有时父母的情绪,会在疲乏不堪的生活压力下受自己的主观意志控制。

尤其是在父母十分疲惫的时候,当看到孩子做错事或者淘气时,往往没有精力再耐下性子规劝孩子,更是控制不住自己的情绪,对孩子大吼大叫、恶言恶语。

坏脾气父母的心理学因素

为什么父母那么容易生气?能控制那个生气开关的人到底是谁呢?是做了错事的孩子吗?其实并非如此。

心理学上分析情绪产生的原因往往要忽略事件本身而直达核心,即情绪的产生源于内在需求没有得到满足。

孩子做错事惹你生气,其实并非这件事本身有多么激怒你,真正触怒你的,是他没有满足你内心渴望的那个完美小孩的需求,于是情绪大脑遮蔽了理性大脑,愤怒的情绪由此就轻易地产生了。

我们对孩子的反应往往不自觉地折射出在自己心灵里已被我们遗忘的幼年时期的经历。童年时代留下的恐惧和愤怒是强大

的，甚至在我们成年后，还能感受到这种强烈感受的影响。也就是说我们的孩子，能够激发起我们对自己童年时期的经历所具有的强烈感受。心理学家称这种现象为"保育中的幽灵"。

了解以上原因，既有助于父母控制自己的情绪，又会让父母有控制自己愤怒的动力。因为所有的父母都是爱护孩子的好父母，大家都不愿意让自己的愤怒有害于孩子们。

孩子的健康成长需要父母提供安全的家庭港湾和基本的护理。如果父母能够认清自己生气的原因，在情绪变坏时就能自觉地远离孩子，给自己一点时间，平静一下自己的心情。这样可以慢慢地了解自己的情绪变化的规则，有效地觉察和增加自己的控制力来减少向孩子生气的频率和程度，形成良好和睦的亲子关系。

坏脾气对孩子的影响

著名教育学家麦凯在《当愤怒毁了你的孩子时》这本书里很明确地提到父母发怒会对孩子产生负面影响:"大量研究结果表明,那些经常忍不住在孩子面前发火的父母,相比安静的家庭,他们的小孩往往会在与人相处时表现得更强势,也更容易情绪低落,学校表现也更差。愤怒,会毁坏小孩子对社会的适应能力。"

父母偶尔发脾气,在必要时是教育孩子的一种有效手段,如孩子偷拿别人东西时严厉制止。而常发脾气,本质上则是父母对孩子极度不满情绪的一种失控,其非但于事无补,反而会对孩子的身心造成严重的影响。

表2-1和表2-2,充分说明了父母发脾气对于不同孩子的影响。

对不同个性的孩子：

表2-1　对不同个性的孩子的影响

不同个性的孩子	影　响
个性弱的孩子	愈发害怕顺从，性格日益内向懦弱，长期缺乏安全感，交际能力差，长大后很难融入社会
个性强的孩子	对父母易产生憎恶情绪，滋生强烈的逆反心理，并且随着年龄增长会变本加厉的对抗父母，导致家庭严重不和

对不同年龄的孩子：

表2-2　对不同年龄的孩子的影响

不同年龄的孩子	影　响
低龄的孩子	会积累自卑、自责等消极情绪，容易产生严重的心理问题
大龄的孩子	会出现早恋、离家出走，甚至自残等行为问题

父母经常在孩子面前发脾气，对孩子的未来会造成一定的影响。

（1）由于孩子的模仿能力极强，常发脾气的父母也往往造就脾气不好的孩子，孩子继承父母的坏脾气，出现"发泄伤害、复制暴力"的情况。当孩子自己为人父母时，下一代幼小的孩子又成了坏脾气的牺牲品。

（2）父母经常对孩子发脾气，会导致孩子变得脾气暴躁、为人苛刻、多疑敏感、内心脆弱又好斗。甚至会导致有些孩子患抑郁症，并且产生性变态、精神病等倾向。

正如教育专家所言：贫穷不会带来教育的失败，但精神的虐待一定会制造一个问题儿童。让孩子生活在精神的虐待中，就如同给孩子带上了终生痛苦的枷锁。而孩子的问题，几乎都是父母的问题，只是很多父母不愿意去承认自己的问题。

如何改善父母的坏脾气

其实发脾气的坏处大多数父母都明白，只是因为一时控制不住才发火，过后心里也很后悔。那么，建议试试这些方法来改改自己的坏脾气。

父母要认清自身情绪

父母首先应当认清自己的情绪，如果自身已经积累大量的负面情绪，那么此时便不应该将自己的气撒在孩子身上。

如果父母忽视了自己的感觉，就会在家中引发一系列的情感灾难。通过这类经历，可以得出以下结论：

（1）如果父母的感觉是控制着家庭运转最重要的齿轮，那么必须保护这些感觉，哪怕这感觉是负面的。

（2）如果父母的忍耐超出了极限，就会引起愤怒，失去控制，负面情绪在家人中不断传递，最好的局面也能变成最坏的噩梦，对谁都没有好处。

但是，如果父母感觉冷静、安定、能控制住、充满善意，那么几乎没有忍受不了和处理不了的事情，孩子们的情绪也得到了很好的保护。

所以，父母应该努力学着更好地捍卫自己的善意。父母要试着小心地调整自己的真实感受，保护自我平和镇定的心态。

把发脾气变成沟通

在生气时将自己的坏脾气转变为沟通，这是父母改善坏脾气的关键步骤。发脾气往往无法解决真正的问题，只有与孩子理性沟通，才能够真正为孩子讲清道理。

面对孩子让你生气的行为，不着急发脾气，而是应该把焦点放在孩子身上想一想，他这反常行为背后的原因，这完全可能是事出有"因"的。

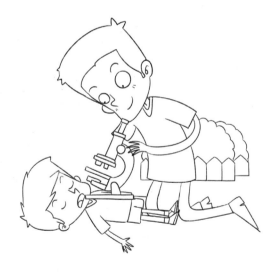

他是不是身体不舒服，心情不好，或者仅仅想引起大人的注意，抑或孩子根本不知道正确的做法？那么提醒自己冷静

下来，试着去满足他背后的需要，而不是放大你的愤怒和负面情绪。

孩子顶嘴，要看到本质原因。从另一个角度看，说明孩子有独立思考的能力和面对问题的勇气，总比像个木头人一样，没主见和灵魂、唯唯诺诺要好。

随便发脾气就像到处扔垃圾，是非常不好的行为。孩子不应该成为我们负面情绪的垃圾桶，与其发火动怒，不如好好沟通。

比如看到孩子作业没写完，不要一上来就咋呼，火冒三丈：你怎么还没写，天天就知道玩！搞得孩子心里不痛快，一些坏的习惯丝毫没有因你的发火而改观。

你完全可以这样说：你不按时完成作业，我真的很难过……如果你能在半小时内把作业写完，我会觉得很开心……这样做的好处是，既能达到目的，又能把伤害降到最低，看上去轻描淡写，却能四两拨千斤。

教育中的"点到为止"，比大发雷霆效果好得多。教育的力量是一个累加过程，一次这样做，未必能看到效果，长期坚持就会看到惊人的变化。

父母改善自己的脾气，看上去是为孩子，实际上最终受益的还是自己。当我们学会与自己的情绪友好相处时，人生的幸福和快乐就会触手可及。

给情绪制造一些出口

父母一味压抑自己的情感并不是改善脾气的好方法。反之，成年人积累过多的负面情绪往往会导致一朝爆发时难以控制尺度。

父母应当学会为自己的负面情绪制造一些出口，而不至于对自己的孩子撒气。释放情绪可以尝试以下几种方式：

（1）凡是遇到不顺心的事，就在办公室对着电脑或笔记本，把心里的想法敲出来。等把所有的怒气、怨气、坏脾气一股脑写出来后，心情也平息了许多。

（2）留一些时间给自己，去做水疗，和闺蜜吐槽，和亲人看电影、健身，甚至在有帮手的时候为自己安排一段小旅行等等，这些活动的安排等于给坏情绪制造了各种管道作为出口，让身体、精神在一个好的状态里，自然会用很积极的心态去面对一切，也容易忍受孩子偶尔为之的焦躁。

（3）去学校做义工，参与一些社区活动的组织，这些事情

的参与会让你从更多元的层面找到自己价值的存在感，也有助于把注意力分散，心情平顺了，不会将负面情绪聚焦在某个点上，就不容易震怒。毕竟每天对着熊孩子，再好的耐心也难免崩盘。

这些都是高效率处理情绪的实用方法，能够让我们的思想腾出更多"内存空间"去干有意义的事，效果非常好。

夫妻之间相互疏导情绪

教育孩子是父母双方共同的职责，当一方有负面情绪时，另一方应当能够有效地疏导其情绪，而不至于将脾气撒到孩子的身上。

有位妈妈是公认的好脾气，从不发火。不管在外遇到什么事，被老板骂也好，被朋友误解也罢，只要回家跟爱人倾诉一番，心情就会恢复平静，从不担心会把负面情绪带到孩子面前。

她说之所以从不发火，实际上是因为她有一个心理医生的爱人。比如，当她气急败坏地跟爱人说某人的"坏"时，爱人不必要跟着煽风点火、献计献策，只要静静地听，跟着她的情绪说："嗯，是的，你肯定气坏了！你真是太生气了……"只要尊重她的感受，就可让她的情绪得到宣泄。然后再平静下来理清思路，找到解决的办法，这在心理学上叫"共情"。

在家庭氛围融洽的气氛下，夫妻俩应该达成一个共识，譬如在发生争吵的时候，在彼此最抓狂的那个瞬间，及时给出一个终止的信号，告知对方我已经达到极限了。然后马上走开，避免矛盾扩大，并且把那个信号告诉对方，今天的事情以后再私下聊，不要当着小孩的面吵，给孩子塑造不好的榜样。

或者，当对方气得发疯、发狂时，只要给她一个有力的拥抱，并用心倾听、肯定她的感受，就能够给对方带去前所未有的被理解之感，让对方永远珍惜你这位生活中的"知己"。

对于孩子也是如此。孩子做错了事、受了委屈后，不需要指责、埋怨和打骂，而是被理解、关爱和倾听，在孩子把内心的垃圾倒出来后，才能真正装得进你的良言和教诲。不管用什么样的方法控制脾气，都要有智慧、心中装满爱，这样能达到很好的效果。

学会向孩子道歉

如果父母对孩子发脾气了，事后一定要和孩子承认自己在刚才那个瞬间失去了自控力，爸妈还是很爱他的，觉得很抱歉，给他一个大大的拥抱，让孩子和自己一起平复心情，这是孩子重新接纳父母的过程，也是父母自己重新接纳自己的过程。

当然，必须承认的一点是，天下没脾气的人很少，所以也不要期待自己成为完美父母。大家都是凡人，偶尔发点脾气也正常，关键是父母要能够做到在发脾气之后向孩子道歉，承认自己的过错。

控制好一天中容易发脾气的3个时间点

一些研究发现,清早、放学后、晚餐时间,是父母们肾上腺激素极易飙升的3个时刻。针对这些压力重重的时刻,下面给出了一些实用的建议,希望能帮到父母们。

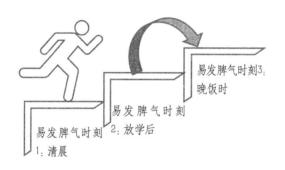

易发脾气时刻1:清晨

一天之计在于晨,清晨原本是一天的良好开始,但却是很多父母头疼的开端。不少父母在早上时常要面对赖床的孩子、不肯吃早饭的孩子、动作磨蹭的孩子、不愿上学的孩子。

尤其是在时间较为紧迫的清晨,孩子的种种行为,会让父母怒火中烧,大发脾气。

其实,父母完全不必对孩子发脾气,因为孩子的教育要从长计议,所以父母可以先从自身的思维想法和教育方式开始改变。父母可以从以下几方面入手:

(1)父母应当放下对孩子过高的要求与不切实际的幻想,对孩子抱有充分的宽容。毕竟管理孩子,不像在公司上班那样讲效率。就算孩子多花了十分钟穿衣服,父母也不要过分苛责。

孩子不可能迅速改变他们的习惯去迎合父母的需要。父母需要宽容,需要花更多时间去慢慢塑造孩子的行为,逐渐让孩子养成良好的生活习惯,提高自身效率。

(2)与其大声叫嚷,不如心平气和与孩子交流。父母的声音小一点、语气坚定一点,反而能让孩子注意到你在说什么,话语也会更加具有威慑力。

（3）关心一下孩子，了解孩子真正的需求。很多时候，孩子行动慢是有原因的，父母一味地发脾气并不能够解决孩子的问题，反而会使孩子认为父母并不关心自己。

例如，当孩子不满意自己的衣服或者鞋子时，父母不如蹲下来，手搭在他肩上，动之以情、晓之以理地跟他说："宝贝，你今天必须穿这个，因为这是学校的规定，等你放学回来我们再讨论穿什么好吗？"

（4）让孩子分享一天的计划。父母早上送孩子上学的时候，要让孩子分享自己一天的计划，比如今天上什么课、有哪些作业需要课前上交等。

不要以为孩子不关心每天的日程安排。大部分孩子都需要知道一天的计划，这会让他们感觉更有掌控力。

易发脾气时刻2：放学后

当代社会中，孩子的课外教育成了众多父母重视的方面。不少父母在孩子放学之后，为其准备了丰富的课外班，以此提升孩子的能力。但是，矛盾也随之产生。一旦孩子不愿意参加空手道班、外语班等课后补习班时，父母便容易暴怒。

强迫、打骂孩子也许能够使孩子屈服，并且上培训班，但是父母发脾气的模样却印在了孩子的心中。父母发脾气并不能解决实质问题，逼迫孩子反而会使孩子产生强烈的逆反心理。

父母可以从以下几方面入手做出改变：

（1）降低期望值。父母们都忘了自己小时候在学校里待一天有多累。在此提醒父母们：不要对孩子有太高要求，他们如果有一些抱怨，也是很正常的。

（2）合理劝说孩子。当孩子不想参加补习班时，父母可以说："起码这次要坚持上课。我们回家后可以再讨论以后要不要上这个课程。"

如果孩子说不想上课，父母就把他带回家，那么孩子就会接到一个信息——爸妈也认为我不需要坚持。先坚持原计划，然后再讨论是否要继续的可能性，这种做法不仅可以增加孩子的韧性，还能教给他们一个道理，就是如何去思考和决定一件事情，做重要决定时不要太冲动。

（3）安排固定的非功课时间。教育学家认为孩子每天都需要这几个时间：游戏时间、休息时间、家庭时间。

在游戏时间段，孩子可以一个人玩，也可以跟朋友玩，游戏的内容不是父母来定的，而是由孩子自己选择的。

休息时间，睡午觉、看电视、发呆或者看书都可以。

家庭时间,则是父母和孩子一起看书、散步、吃完饭等等。

如果孩子今天这三个时间安排得过少,明天父母可以给他适度延长一些。

(4)尊重孩子的选择。让孩子去接触各种课程当然很好,不过最终父母还是应该让孩子去选择他真正感兴趣和比较擅长的课程。欣赏你的孩子,而不是一直去刺激他们前进,这反而能鼓励孩子努力追求自己喜欢的事情。这将是一个良性的循环。

易发脾气时刻3:晚饭时

晚餐时刻往往又是父母容易发脾气的时刻。很多父母选择在餐桌上教育孩子、指导孩子。孩子挑食更是很多父母心头的一大难题。

父母可以设想一下这个场景:劳累一天之后回到家,你费尽心思,终于做出了几道健康的美食。可是,孩子却嫌弃蔬菜太多,不好吃,或者一挥手,竟然把汤给弄洒了。大部分父母面对这样的场景,都会大发雷霆。

面对孩子挑食的坏习惯,父母可以从以下几方面入手做出改变:

(1)不要一直劝孩子吃他不喜欢的东西。如果孩子挑食让父母的心情变糟糕,不如改变大家谈话的内容。谈一谈孩子感兴趣的事情,或者分享父母自己的一件事。通常,聊得开心,饭也会吃得比较多。

吃饭时把手机挪开、电视关掉。既然吃晚餐属于家庭生活的重要部分，那么父母要做好榜样。

（2）可以和孩子拟定"吃三口"规矩。孩子挑食很令人心烦。不妨给挑食的孩子定一个饮食规矩，不喜欢吃的食物可以不用吃完，但必须吃上三口。

当然，也可以改成吃一口，或者可以不吃，但必须放在碗里。

这样父母就不用一直唠叨："这个对你很好的……"或者"你看人家谁谁谁都吃的……"相反，平静地对孩子说一句："你知道我们家有这个规矩的。"这样不仅会让父母显得有威仪，而且也更加有效。

（3）创造气氛，让晚餐变得更加浪漫。虽然不是二人世界了，但是和孩子一起，仍然可以点一支蜡烛，放一点音乐。这些东西没什么成本，但是能让小孩子陷入一种朦胧的幸福中，坐得更久，吃得更香，也更愿意和父母交谈。

（4）教孩子学会感恩。"感谢妈妈，感谢爸爸，做了这么好吃的食物。"建议父母教孩子表达对家人的感谢。虽然刚开始会有一点不自然，不过习惯了，孩子会慢慢变得更诚心，更体谅你的付出。相信他们的感恩一定能安抚父母的暴脾气。

心灵暴力,是父母极易忽视的软暴力

和硬暴力相比,父母的"软暴力"对孩子造成的伤害更具有隐蔽性,常常不为人知,杀伤力也更大、更持久。"软暴力"会给孩子一生都留下挥之不去的阴影,使孩子产生心理障碍,乃至心理疾病,父母也在不知不觉中成了孩子心理健康的"杀手"。

不要轻视孩子

许多父母认为孩子是自己生的,想怎么教育就怎么教育,而且作为孩子,也应无条件服从和配合父母的教育。

可实际上,这些父母的想法是错误的。

虽然父母是孩子的监护人,有管教孩子的职责和权力,也需要尊重孩子,重视孩子的心理感受。为父母者不要滥用权力,试图在精神上驾驭孩子,这样会给孩子套上无形的精神枷锁,弱化了孩子的心理素质,损害了孩子的心理健康。

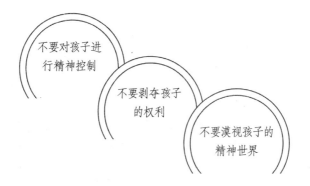

父母应该树立权威,但是,父母应该从正面的、积极肯定的

角度审视孩子,不能蔑视、轻视孩子,否则会在孩子心里产生阴影,这将影响孩子的一生。

精神控制并非良方

中国两千年漫长的封建社会使"父为子纲"这一传统观念根深蒂固。时至今日,仍旧有不少为人父母者缺少平等意识,"父母制"作风严重,要孩子处处听话,并且习惯于在各个方面替孩子做决定,例如穿衣吃饭、交什么朋友、报什么兴趣班、上什么学校、学什么专业等,父母不与孩子沟通,不考虑也不尊重孩子的意愿。

这样的父母就是典型的精神控制型父母。父母的目光就像聚光灯,时刻盯着孩子的一举一动、一言一行、所思所想,稍稍违背父母意愿,孩子就会受到惩戒。

习惯于精神控制的父母经常会说这样的话:"你的生命都是我给的,所以,我的命令你都要做到!"或"你年龄还小,社会经验不足,所以,听父母的绝对没错,也许你现在不懂,但是总有一天会明白大人的良苦用心。"

其实,这种现象被心理学家描绘为家庭中的"假性互惠":表面看父母替孩子着想,孩子也朝父母期待的方向顺利发展,实际上孩子失去了自由成长的空间,在不知不觉中减少了许多发展独立性、自主性的机会。从而,父母能够在精神上控制孩子。

长此以往,孩子也养成了温顺、乖巧、老实的性格特征,习惯了由父母来安排一切,一家人看起来和和睦睦、波澜不惊。

当他长大成人时,人格可能不够健全,心智可能不够成熟,谨小慎微，优柔寡断，精神上总想依赖别人，遇到重大事情很难独立做出决断，遇到困难、挫折、挑战总想逃避，心理承受能力差。

当然也有孩子会选择反抗，但反抗的结果往往是"胳膊拧不过大腿"。父母的话，就像圣旨一样，孩子只有乖乖遵命的份儿，没有分辩的机会，更没有反抗的权利。

父母会对孩子实行精神控制的原因能够大致分为以下两点：

（1）源于传统的封建意识。因为这样的意识，使父母对孩子管得过多、管得过细、束缚得过死，父母的这些做法常常是打着"爱"的旗号，以"都是为孩子好"的名义进行的。

（2）不少父母无意识中通过对孩子的管教实现自己在社会上未能充分实现的权力欲、控制欲、价值感和能力感。"我管不了别人，还管不了你吗？"这是一些父母面对孩子流露出的心态。

给予孩子应得的权利

每个人都有与生俱来的权利。未成年人有享受父母照顾、爱护的权利；为了让孩子朝正确的轨道发展，父母作为监护人也有严格管教子女的权利。

如果孩子确实犯了错误，比如，贪玩不完成作业、故意弄坏玩具、撕坏书本等，父母取消孩子某天玩游戏的资格、取消周末吃麦当劳的机会等做法未尝不可。

但是，这并不意味着父母可以对孩子为所欲为。当代父母最常见的错误有以下两点：

（1）有的父母剥夺了孩子自主安排时间的权利。不少父母为了让孩子有个好的学习成绩，使孩子一心扑在学习上，武断地取消了孩子所有放松身心的时间和机会，不许看电视、不许听歌、不许追星、不许玩游戏、不许与同学交往。孩子被封闭在极其单调的环境中，过着枯燥乏味的生活，终日只是趴在书桌上学习，如此一来，导致孩子毫无人生乐趣，根本谈不上身心调节、张弛有度。

（2）有的父母剥夺了孩子的隐私权。不允许孩子把日记锁进抽屉，同学来电话必须父母先接听。有的父母还振振有词地说："你是我生的，你整个人都是我的，日记还有什么不能看的？电话有什么不能听的？"这种做法，其实是对孩子进行的心理侵略。每个人都有自己的独立人格，孩子也不是父母的私有财产,父母应该尊重孩子。

每个人都有隐私权,都不希望将自己心事暴露,孩子虽然小但也会有属于自己的"小秘密"。孩子成长中的喜怒哀乐、所思所想愿意在日记中一吐为快,父母要理解这一需求,给孩子心灵上留一个安身之所、留一方绿洲。

剥夺了子女的隐私权,使他们学习的压力、生活的烦恼失去了宣泄口,使他们只能拼命压抑自己,严重损害了身心健康。

从以上的两个例子中可以看出,父母不应该剥夺属于孩子的权利,侵犯孩子的权利只会使孩子对父母的管教产生反感,对父母产生不信任感。

重视孩子的精神世界

在很多家庭当中，父母不愿用打骂的方式处理孩子的错误，反而使用"冷暴力"的方式将孩子"静置"，认为用这样的方式既可以缓解亲子之间的矛盾，又可以给孩子留下充足的时间进行自我反省。但实际上，这只是一种家庭软暴力，是父母漠视孩子内心世界的表现。

有的父母因为生孩子的气，几小时、一两天不搭理孩子，让孩子体验到自己犯错误，使父母痛心、失望，从而自我约束，自我矫正错误。这种做法并非不可取。但是，有的父母会与孩子旷日持久地冷战下去。表情冷漠，不给孩子一点生活上的关心和精神上的抚慰。

很难想象，在一个就没有亲情、没有温暖的家庭里，一个还很年幼的孩子应该如何支撑自己的精神世界？生活在一个没有支持的家庭，孩子如何能够培养奋斗的勇气？冷若冰霜的家庭关系，怎么能让一个孩子形成健全的人格？父母持续的冷漠给孩子留下的浓重的阴影是久久都不能消散的，这种心理伤害往往会刻到骨子里去，甚至终生都难以磨灭。

亲人故意的冷淡有时或许会激起孩子强烈的进取心，但更多的是使孩子感受到难以忍受的心理折磨，对自己的信心也会大打折扣。本身具有叛逆性格的孩子还可能对他人乃至整个社会都产生强烈的敌意，进而形成反社会人格。

除了冷战之外，家庭软暴力的表现形式还有很多。

（1）父母之间的关系不和。父母经常吵架，导致家庭气氛紧张，即使没有把孩子当出气筒，这种不愉快的氛围也会让孩子感到焦虑、压抑、恐惧。

（2）过于繁忙，没有时间陪伴孩子。有的父母并不是有意冷淡孩子，但成天忙于工作或生意，没时间照顾孩子，亲子之间缺乏感情交流，孩子的酸甜苦辣无处倾诉，那些成长的烦恼只能独自吞咽，内心很孤独，对亲情的渴望得不到满足。

人们常说，"家是温暖的港湾"。的确，一提"家"这个字眼，通常意味着"温馨"。

家，是人成长的动力，给人以奋斗的力量；家，给人以心灵的慰藉，让人有一种安全感、亲密感、愉悦感；家，是维护心理健康的第一场所，是一个人维护心理健康的最重要的社会支持系统。即使在外面的世界受到心灵的伤害，我们回到和谐、充满温情的家庭里面，心灵的伤害也会得到一定程度的修复。

如果父母不能够对孩子的精神世界予以足够的重视，那么孩子无法感受到家庭的温暖，无法修复内心的创伤，无法形成良好的人格。

不要威胁恐吓孩子

父母往往认为孩子小、不懂事,讲不通道理,就采用这种"简单易行"的方法,以达到让孩子听话的目的。比如孩子吵闹、不肯睡,父母就说"老虎来了,多可怕,赶快把眼睛闭上";如果孩子不听话,父母就把孩子关进"小黑屋"作为惩罚。

用要挟的话或手段威胁孩子是父母教育孩子时常常采用的一种错误方法。以上种种方式都破坏了孩子对父母的信任和依赖。在父母的威胁下成长起来的孩子往往会胆小怕事,甚至导致恐惧症或者焦虑症等疾病。同时,不少孩子会有意识模仿父母的威胁方式,并且用这种行为去骗人、吓唬人,以强迫对方答应自己提出的不正当要求。

父母威胁的语言、行为都会给孩子带来强烈的心理刺激。过度强烈的刺激会影响孩子的神经系统,对孩子产生心理压力。

即使孩子一时因你的恐吓而听话,这种"吓大"的孩子很容易出现一些心理障碍,所以爸爸妈妈的这种做法还是"可免则免"。

"恐吓"孩子最常见的两种说法

父母经常会用恐吓孩子的形式来管教孩子,殊不知,这样的语言和行为会让孩子失去安全感,对父母产生不信任的感觉。久而久之,大大地影响了亲子之间的关系。现代社会当中,父母会用这样那样的语言来"威胁"自己的孩子。其中,最常见的语言形式有以下两种。

(1)将孩子塑造成"坏人"形象,用其他具有威严的角色震慑孩子。常见的说法为:"你这个坏孩子!再不听话,警察叔叔就来把你带走!"

在孩子不听话的情况下,很多自作聪明的父母会抓住孩子的软肋,用孩子最怕的东西来恐吓或威胁他,当孩子被震慑住而乖

乖就范之后，父母又会洋洋自得。

然而，在父母的威胁之下孩子选择屈服，往往会对孩子造成莫大的心理伤害，其程度不亚于体罚。

仔细想想，是不是经常会听到父母对孩子说这样的话：

① "你再不听话，警察叔叔就来把你抓走！"

警察在孩子的心中往往是正义的形象，在孩子幼小的心里，警察叔叔的工作是抓坏人。如果父母用警察威胁孩子，孩子会以为自己就是"坏人"，从而心生恐惧。长此以往，孩子会变得自卑、谨慎，对警察这一形象也开始产生畏惧，逐渐不再信任警察。

② "不穿衣服会生病，让医生把你带去打针！"

父母用医生来威胁孩子，孩子会打心底里认为医生就是用"打针"来惩罚自己的人，从此对医生产生畏惧，也会抵触去医院看病。

③ "哭闹的孩子最不乖，再哭就让老师把你关进小黑屋！"

父母用老师来威胁孩子，会导致孩子还没上学，就开始有厌学的情绪，父母把老师描述成了一个可怕的角色，孩子还怎么可能会喜欢上老师呢？用老师威胁孩子只会让孩子更加抵触上学。

以上说法在家庭教育中十分常见。孩子心智还不成熟，辨别是非的能力远不如成人。如果父母经常在孩子的面前"扭曲"事实，孩子便会缺乏对事物的分辨和认知能力，甚至会形成不正确的是非观，让他们对警察、医生等职业产生误会和恐惧感，无法达到良好教育的效果。

（2）用夸张的方式伪造事情的严重性，让孩子失去安全感。常见的说法为："你如果再不听话，妈妈就不要你了。"

有些父母虽然不会用警察、医生、老师来威胁孩子，但是可能会使出一个更"厉害"的大招，那就是夸大事情的严重性，让孩子因为害怕被遗弃或害怕自己的行为造成严重后果而变得"听话"。

相同的说法还有：

① "你不听话，不是我的好孩子，妈妈不喜欢你了！"

② "你这么调皮，妈妈迟早要被你气死！"

这样吓唬孩子，在大人看来不痒不痛，甚至很大程度上还能达到"驯服"孩子的效果，但是，孩子的内心到底经历了多大的恐惧，父母毫无察觉。

回想养育孩子的最初阶段，父母因害怕孩子没有安全感，每天即使再辛苦，晚上也要陪孩子入睡；父母早起因为担心孩子会有分离焦虑，每天都要求自己做到高质量的陪伴，一遍又一遍地陪孩子玩他喜欢的游戏，讲他喜欢听的故事书。

但是，往往一句威胁式的话语就能够彻底瓦解长期建立起来的信任感，让孩子彻底失去安全感。

"吓大"的孩子容易有心理障碍

一位育儿专家说过："孩子一旦被恐吓、被威胁，内心会充满愤怒，会有一种反抗的欲望，即使暂时慑服于恐吓者的威严，也只会被动地服从，不会主动、愉快地完成指令，更不可能创造性地把事情做好。"

人为了保护自己免受伤害,都会本能地屈服于自己的恐惧。

孩子常被恐惧感占住心灵,精神容易受创伤,有的孩子长大后则会表现出胆小怕事、懦弱无能、缺乏独立性,严重者甚至患上精神官能症,影响孩子心理的正常发展。

孩子成人后可能会出现的表现有:

(1)说谎:有的父母一旦发现孩子做错事就又打又骂,孩子为了避免遭受"皮肉之苦",能瞒就瞒,能骗就骗,长此以往,就慢慢养成了说谎的恶习。

(2)懦弱:如果孩子经常遭受恐吓,时间一长,见到父母就会感到害怕、不敢接近。在这样的环境下成长的孩子,常常容易自卑、懦弱。

(3)孤独:经常遭受恐吓的孩子会感到孤独无援,会感觉低人一等,变得比较压抑、沉默。

(4)固执:常常受恐吓的孩子,自尊心会受到严重损伤,易与外部环境产生对立情绪和逆反心理。

威胁不如理解

父母对孩子缺乏应有的耐心,又找不到更好的方法来让孩子

听话,只好使用"恐吓"孩子的捷径,来让孩子乖乖听话。可以说,只有"无能"的父母才会恐吓孩子。

如果父母能够耐心听听孩子的声音,就能知道,其实在孩子"不听话"的后面,并没有隐藏着一个不乖的坏小孩,而是他们对很多事物的理解,跟成人不一样而已。

父母只有理解自己的孩子,凡事先从孩子的角度出发,才能知道孩子到底在想什么。只有用孩子能听明白的话和他交流,父母才能真正让孩子听话。想要真正理解孩子,让孩子听话,父母能够从以下几点出发:

1. 站在孩子的思维角度,尽量理解孩子的行为特点、心理特点

孩子的思维方式和大人的不一样,表达能力也有限。

举一个简单的例子,一个孩子不喜欢刷牙,可能仅仅是因为牙刷太硬了。但是他对牙刷的认识非常有限，以为所有的牙刷都是这样的，所以他不会要求换一把牙刷，而是直接抗拒刷牙这件事。

这种情况下，只有细心观察、耐心询问，父母才能知道，原来孩子不爱刷牙，仅仅是因为牙刷太硬，而不是因为不听话。因此，只有站在孩子的角度，分析他的行为和心理特征才能够从根源解决孩子的问题。

2. 道理讲不通，灵活来处理

很多父母都会发现，往往想要和孩子讲道理是十分困难的。孩子时常无法听进父母的道理，而是想方设法地与父母斗智斗勇。此时，父母应当学会用灵活的方式去处理孩子身上的种种问题。

举一个简单的例子，很多父母都有过这样的经历：孩子不爱吃饭，即使父母强调一百遍吃饭的重要性，孩子都很难听得进去。那么此时，不少父母便会重复上文中"威胁"的方式强迫孩子吃饭。

但是，如果父母能够灵活地处理问题，变换思路和方式诱导孩子吃饭，那么收获就会大得多。

例如，当孩子不爱吃饭时，父母可以和孩子玩一个"小动物吃晚餐"的游戏。具体操作方式为：父母让孩子假想自己是一只可爱的小动物，告诉孩子小动物要吃饭的时候就会乖乖地吃饭。那么，孩子自然也会开心地学着小动物一样吃饭。

也许很多父母会想，就是给孩子喂一顿饭而已，有必要编那么多故事、费那么多精力吗？答案是肯定的。不仅仅是喂饭，在

其他很多方面,父母都要学会灵活地应对孩子的问题,因为只有这样,才能更好地与孩子互动,解决孩子的问题。

3. 学会跟孩子谈判

相信不少父母都遇到过这样的情况:到时间回家了,但是孩子玩得正起劲,并不想回家,于是便开始哭闹。当孩子开始哭闹之后,不少父母的耐心也逐渐被消耗,最终怒气爆发,重新回到上述的"威胁"方式,逼孩子服从。

但是,如果父母能够学会用谈判的方式和孩子交流,效果就会更好一些。同样以孩子不想回家为例,当遇到这样的情况时,父母可以尝试用以下方式与孩子谈判。

方法1:我们回家吃了饭,再出来玩好吗?吃饱了才有力气玩,还能顺便把你的小皮球带出来玩。

方法2:如果你真的还想玩,那么妈妈再等你五分钟,我们就要回家了,好吗?

方法3：妈妈很饿了，怎么办？你愿意陪妈妈回家吃点东西吗？

总之，以成人的阅历经验，变着方法来，总能有一种方法可以说服孩子。如果孩子的表现超过自身忍耐的极限了，父母甚至可以把孩子直接抱走，并且告诉他："我们真的该回家了！"这样做，至少要比用负面语言来恐吓孩子强得多。

不要羞辱斥责孩子

常言道"童心不可辱",不过,当孩子做错事后,不少父母喜欢用难听的话辱骂孩子,这会伤了孩子的自尊心,还造成了亲子间的隔阂,使孩子产生逆反心理,许多孩子干脆"破罐子破摔",失去进取心。

父母总是不忘给自己的孩子做饭、买营养品,精心呵护孩子身体的成长,却忘了孩子心理的发育也需要精心呵护。

不断积累的情绪问题会和青少年的智力一起发展,错综复杂地混合在一起,让他们迷失。情感上不健康的青少年,无论智力多么超群,也不可能快乐。

在孩子自信心和自尊心形成的重要阶段,教育研究者提醒,父母批评低龄儿童时,一定不能超出他们的心灵承受度。

不能讽刺挖苦孩子

在孩子学习、交友、做事等方面,哪个地方的表现不合自己心意,达不到自己的期望,父母就对孩子极尽讽刺挖苦之能事。

于是,"你怎么这么傻?""你怎么这么笨?"成了一些父母的口头禅。更有甚者,有的父母为了发泄对孩子的不满情绪,讥讽孩子说:"连这么简单的题都做不上来,简直是个榆木脑袋!"

以上是用言语讽刺孩子时家庭"软暴力"中最常见、最典型的方式。

心理学家马斯洛曾把人类千差万别的需要进行归类,概括出七种最基本的需要:生理的需要、安全感的需要、交往的需要、尊重的需要,求知、审美和自我实现的需要。他把尊重的需要和其他需要一起看成是与生俱来的、本能化的需要。

父母经常口无遮拦地肆意讽刺挖苦孩子,不但严重伤害了孩子的自尊心,让他们无地自容、颜面扫地,而且影响到他们健全人格的形成,使他们自我评价降低,缺乏自信,不够开朗和大方。

周弘的"赏识教育法"之所以在中国引起那么大的反响，不是因为他的观点新颖、方法独特，而是因为他切中了中国父母的要害：中国父母总能轻易看到别的孩子的优点长处，总觉得别人的孩子的闪光点那么耀眼，一望便知。反观自家孩子，这儿也不顺眼，那儿也不中意，缺点短处一大堆：作业拖拉、学习成绩差、懒得做家务、说话不够伶牙俐齿等。

不少父母"眼里揉不得沙子"，为了让孩子朝自己理想的方向发展，总忍不住数落孩子的不是，说话常常带刺儿，在语言内容、说话口吻、声调、眼神等方面不加掩饰地流露出对孩子的蔑视、厌恶和失望。

当父母对孩子否定性的评价语言频频响起时，孩子会把这些评价不加识别地内化到自己的意识里，为自己定型并且固化；当父母都看不起孩子时，孩子自己也会对自己放弃希望，于是他可能放弃各种努力、自暴自弃、自甘平庸或自甘落后，形成一种恶性循环。

不能对孩子使用的措辞

孩子的内心十分脆弱，父母或严厉或威胁的语言都会让孩子的心灵受到莫大的创伤。人们总说："语言是一把无形的刀刃。"对于成年人来说尚且如此，更何况是心智还未完全成熟的孩子。

对于幼小的孩子来说，父母不宜直接批评，因为这个年龄段的孩子尚年幼，并不能够完全理解父母的话语，所以父母严厉的批评可能会使孩子受到惊吓。

所以，在日常教育孩子过程中，父母要注意绝对不能对孩子使用以下措辞：

（1）"你为什么就不能够像其他孩子一样乖？"孩子被对比，很可能增加他们本能的敌对情绪，甚至耿耿于怀。

（2）"你是个坏孩子！真不懂事！"原本孩子做事就缺信心，这样的话更易刺伤他们，以后只会越做越糟。

（3）"你真笨！再没有比你还笨的孩子了！"这绝对是最伤孩子的话，自卑、孤僻、抑郁、堕落都可能因此话而出现。

（4）"你吵死了！要吵就出去吵！别回来了！"孩子生性活泼、偶尔胡闹，父母可以和他们耐心解释：我需要你安静一点，妈妈要工作。用"吵"来训斥他们，容易让孩子感觉自己多余。

（5）"大人的事情你插什么嘴！给我闭嘴！"粗暴打断孩子的意见，极有可能让孩子变得懦弱、胆怯、对事情毫无主见，严重的可能会自我否定。

（6)"再淘气我就揍你!"可能一次两次见效,时间长了会让孩子认为父母拿他没办法,对亲子关系的建立和维护极为不利。

（7)"别在我眼前乱晃!"无论是任性调皮还是内向不善言辞的孩子,这话都会长久地在他们心里扎根,在他们看来,父母并不在乎自己,也不愿意关注自己的表现。长此以往,孩子可能会通过极端方式引起大人注意,或从此不再和父母交心。

切忌期望过高

在现实生活中,很多父母喜欢拿自己的孩子和别人家孩子进行比较。"你看看隔壁家的小朋友,学习多自觉。""你怎么就没人家这么争气呢?"……诸如此类的话语已经成了部分父母的口头禅。其实,父母完全不必将对于孩子期望放得过高,更不必将自己的孩子与其他的孩子放在一起相比。虽然每一位父母都渴望自己的子女"成龙成凤",但是,孩子的自然发展更是必不可少的,父母切忌将自己的期望全部寄托在孩子的身上。想要做到这点,父母应当做到以下两点:①不要对孩子过分追求完美;②不要将自己的孩子与别人家的孩子进行比较。

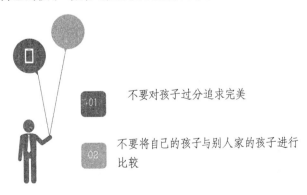

不对孩子过分追求完美

"望子成龙"是中国社会的主流意识,是中国父母解不开又放不下的心结。尤其是在独生子女家庭当中,全家的长辈都将自己的爱倾注到一个孩子身上,父母所有未竟的事业、所有未实现的梦想一股脑儿全寄托在唯一的孩子身上,这使许多父母对孩子的期望值升高,父母认为自己的孩子"只能成功,不能失败"。而幼小的孩子从降生便背负着全家人的希望,这实在使他们"生命中不能承受之重"。

这种"重"具体来自父母对孩子过分追求完美。一般情况之下,父母会产生过分追求的心理原因有以下两方面:

1. 出于父母自身的原因

父母对于孩子过分追求完美,首要原因可能与父母自身的情况有关。有些父母觉得自己活得不如意、不成功,一定要孩子活出个人样儿，使自己心理得到补偿，弥补自己的遗憾，圆自己未能实现的梦想；有的父母本身精明能干，对自己严格要求，工作很出色，也容不得孩子落后。

前者为了弥补自己的遗憾，也为了让子女有更好的生活而严格要求孩子。

后者在单位拼命工作，取得了不俗的业绩，习惯了优秀的人往往事事追求完美。这样的父母常常把孩子学业的成功视为自己人生成功的一个组成部分，不但对自己严格要求，也会过于严厉地对待孩子、苛责孩子。

过分要求孩子完美的父母，内心永远潜藏着一种强烈的危机感，把获得社会认可看得高于一切，内心深处时刻担心孩子成为无能的人，对孩子的分数、技能、成就非常看重，不知不觉就对孩子的方方面面求全责备，缺少应有的关怀和温情。

在这样的家庭里，孩子如果哪方面达不到父母的标准，就会时时生活在自责、愧疚、失败和无能的阴影里，难以自拔。久而久之，容易导致孩子的心理发育不良。

人们常常用"不想当将军的士兵不是好士兵"或"要做就做最好的"来勉励下一代好学上进。但现实是，不是所有的人都适合当将军、都能够当将军；也不是所有的人只要拼尽全力，就一定能做到最好。

2. 社会竞争压力的原因

社会竞争越来越激烈，父母也容易出现"家庭超前教育"的浮躁心态，往往不顾孩子的实际情况，强行让孩子朝着父母所希望的方向发展。但是，事实却是无论在求学阶段，还是在工作中，无论是科学技术研究，还是在体育、艺术、财经或政治领域，人才总是呈现"金字塔"形，拔尖儿的总是极少数，大部分人是平凡的。

成人按照"神童"的标准来要求孩子，不停地让幼小的孩子学英语、学舞蹈、学画画，然后对孩子说："为了你，我们牺牲了许多时间，花了大把的钱，你不好好学习，就没脸来见我们了。"

对于一个正在成熟和发展中的青少年来说，这无疑是一种沉重的包袱，孩子不能达到父母的期望时，会产生自我否定的心理。

社会竞争力越来越大，父母对孩子的要求越来越严格。"高标准、严要求"看起来不错，但是高标准不是无限拔高，严要求也不能不顾现实。每个孩子，他的遗传基因、原有基础、智力上的接受能力、心理上的承受能力是千差万别的。许多父母对孩子的高标准、严要求已经严重脱离了孩子的实际能力：小学一定要考双百，中学一定要进重点中学，大学是非清华大学、北京大学不上。过重的压力压得孩子喘不过气来。

心理学家里兹专门研究过精英家庭的孩子在成长过程中的适应不良，本身为社会精英的父母对"优秀"和"成功"的社会评价非常渴求，对孩子也不会放松要求，使孩子处在一种无休止的不懈努力中，内心总绷着一根紧紧的弦，一旦达不到既定目标，就感到焦虑不安，长此以往，难免会出现神经衰弱、焦虑症、抑郁症等问题。

学会欣赏自己的孩子

考双百、得第一、上北京大学或清华大学、出人头地，这种脱离大多数孩子实际的高标准、严要求使孩子不堪重负，哪怕考第二名，或考入一类本科的其他院校也没有成就感。很多父母全然不顾孩子的具体情况，如智商高低、基础好坏、兴趣爱好，只知给孩子不断加压，一味向最优秀的人看齐，使孩子背上沉重的思想包袱。

其实，父母应当从根源上解决自身思想方面的问题，首先一点就是要学会欣赏自己的孩子。想要做到欣赏自己的孩子，首要一点便是不要将自己的孩子与"别人家的孩子"进行比较。

许多父母喜欢把自己的孩子和别人的孩子相比，而且总拿自己孩子的短处跟别的孩子的长处相比，这样的态度对孩子的教育十分不利，它会使孩子认为自己永远是一个失败者。我觉得作为父母应该这样想：只要孩子努力了，那就是最棒的。

每一个孩子都有自己的特点。孩子和孩子受到的教育相同，接受能力不同，表现出不同的结果也是正常的。孩子只要跟自己比较就足够了，只要他比之前进步了，就是好孩子。

很多父母望子成龙的心太过迫切，他们似乎容忍不了孩子的暂时落后与普通的成绩，往往把自己急躁的心情压迫在孩子身上，但这样做常常会适得其反。

如果孩子平时很难听到父母的夸奖，听到的尽是些埋怨、挑剔、责备、训斥甚至挖苦，一个小小的过错就被父母紧抓着不放、没完没了地进行批评，他就会觉得自己做人很失败，久而久之，他就会对自己的能力产生怀疑，失去对学习和生活的自信。

要学会欣赏孩子，你应该感觉你的孩子永远是最好的、最优秀的。

拿自己的孩子和别人的孩子相比较，不管是比较孩子的优点还是比较孩子的缺点，对孩子的发展都是有害的。

如果用孩子的优点和别人家孩子的缺点比，则可能会让孩子滋生骄傲自大的情绪；如果用孩子的缺点和别人家孩子的优点比，则会打击孩子的自信心，孩子会变得一蹶不振、自卑消极或心怀嫉妒。

学会从不同侧面去看孩子，多发现孩子身上的长处，并且真诚的赞美、鼓励对每个人都很重要。

即使孩子现在不能让你满意，也要学会等待与忍耐，不要过于心急，调整好你的心情，少责骂批评孩子，多发现孩子的优点，多肯定孩子取得的进步。这样孩子就会越来越有自信，越来越有进步和动力。

学会帮助和抚慰孩子

教育孩子的过程当中,父母除了不应对孩子过分要求完美、不与其他孩子做比较之外,还应当能够适当地帮助和抚慰自己的孩子。

其实,每个孩子在处于逆境或者失利的情况下,需要的是父母及时的帮助和抚慰,而不是责备。

父母的安慰和支持通常能够帮助孩子走出失败的阴影,重拾自信,勇敢去面对一切困难,而父母消极和失望的埋怨与责备只会让孩子变得更自卑,甚至连原来的优点都失去了。因此,父母首先要给予孩子一颗自信的心灵,没有自信的孩子,不会有改变缺点的力量。

引导胜于控制，淘气孩子更具创造力

渴望自己淘气的孩子有个开关，让她停止，她就安静地坐在一边；让她向东，她就绝不会往西；想让她不淘气，她就乖巧地停下绝不会有异议……想必很多妈妈都有这样的渴望。

孩子为什么会淘气？

孩子体能发展迅速，他们有能力到处跑，还喜欢碰碰这个、摸摸那个，表现得很淘气。

为什么孩子会这样做？其原因就是他们拥有好奇心。

为了孩子的安全，父母往往是一发现孩子的淘气行为，就马上予以制止，但细心的父母会发现，愈是制止愈会引起宝宝们的好奇。

在大人看来司空见惯的东西，在孩子眼里却是每一样都充满了吸引力，他想一个一个地弄清楚。这种淘气是建立在探索欲望上的行动，并不是坏事。

父母应珍惜孩子的好奇心，宽容孩子一时的破坏行为，给孩子提供安全、宽松、合理的环境，鼓励孩子参与各种尝试，支持孩子积极主动地去探索事物的奥秘，并在这一过程中促进心智的发展。

淘气是孩子的天性

儿童心理学家将淘气称为"建立在探索欲望上的行动"，淘气对孩子自发性的成长起着很大的促进作用。

淘气是孩子的天性，父母不仅不应阻止，而且还应很好地爱护它、培养它。未来社会需要思维独特、有个性的人才，父母应该给孩子一点淘气的空间，千万别把孩子束缚得死死的。

孩子的淘气会表现在很多方面，例如淘气的孩子总不满足肤浅的答案，总爱刨根问底、爱挑刺，这实际上是一种逆向思维、发散思维；淘气的孩子胆大、敢闯、敢干，接触面广，这有助于扩大孩子的知识面，对于发展个性有好处。

然而，很多不懂这个道理的父母把淘气看作一件坏事，常常加以阻止，甚至打骂孩子。可是淘气并不是被打骂就能立即停止的。这是由于孩子的理解是有限的，他只感到这是一个制止自己的举动，并不能理解大人的用心。于是在好奇心的驱使下，孩子渴望了解更多的事物，也希望自己能摸摸试试，往往成人越不让看、越不让做的事情，孩子偏偏要看要做，成人则视为

"淘气"。

父母如果反复给予严厉的制止或责骂,孩子就会逐渐放弃淘气,变成一个老实听话的"乖孩子",其结果必然压抑了孩子的自发性。

当这种"乖孩子"进入青春期后,由于自我意识的萌发,他们对长期受压抑的情绪不堪忍受,可能出现更严重的反抗性,甚至会出现心理疾病。

淘气孩子的几种主要表现

怎样的孩子是淘气的孩子?相信这是不少父母心中最大的疑惑,年幼的孩子心智发育尚未成熟,热情好动十分正常。判断一个孩子是否淘气,父母可以对应淘气孩子的四个常见特征进行比较。

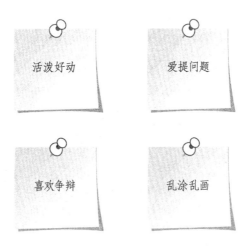

1. 活泼好动

有些小孩子天生好动,几乎连一刻都停不下来,甚至连吃饭的时候都要东跑西跑。对于这样的孩子,幼儿园老师通常给予孩子的评价就是注意力不集中。

其实孩子小时候好动,从侧面就反映出孩子的思维能力强,而且动手能力强。同时,还表现出孩子热情活泼的性格。

2. 爱提问题

有的孩子就像是十万个为什么,经常会问一些天马行空的问题。例如:"为什么一加一等于二?""为什么橡皮泥是软的?""为什么世界上会有不同的颜色?"

往往一些父母听到孩子没完没了的问题就会变得不耐烦,认为孩子过于淘气、话多。但其实孩子爱问问题是一件好事,说明孩子有独立思考和分析能力,对事物有自己的想法。父母应当鼓励孩子这种爱提问题的习惯,并且要引导孩子思考自己所提出的问题。

3. 喜欢争辩

孩子因为年龄小,有时候做事情没有得到父母的认可,父母就会教育孩子。有的孩子被教育时就会乖乖听话。但有的孩子就偏偏不,喜欢和父母讲道理,而且还有理有据地说出自己的想法。俨然一副小大人的模样。

孩子喜欢争辩这一点恰恰说明他有思考能力,有自己的逻辑思维,对待事情也有自己的见解,不盲目跟风。但是当孩子真正犯错误时,父母也应该正确引导,和孩子讲道理。让孩子明白自己错误的地方,下次不犯。

4. 乱涂乱画

在本子上乱画画这件事,相信很多孩子都做过。不少年幼的孩子因为在作业本上乱涂乱画而受到父母的指责。

实际上,孩子们喜欢画画,其实是在用他们的方式表达他们的内心世界。有的孩子喜欢画一家人,有的则喜欢画花花草草,虽然孩子们画得并没有多好,有的甚至很丑。但作为父母都应该夸夸孩子,再和孩子交流,问问孩子画的是什么,听听孩子内心的想法,但是父母也要正确引导孩子,不要在别人的车上以及其他不能画画的地方画。

淘气不是判断孩子好坏的标准

淘气的孩子就不是好孩子？孩子淘气好还是不淘气好？这些问题困扰着很多父母。淘气不淘气不是评价孩子好坏的唯一标准，可目前不少爸妈评判孩子好坏只看听话不听话。很多父母看到孩子淘气就会加以阻止，还经常教训孩子说不许淘气，淘气就不是好孩子了。

还有一些父母为了孩子的安全，往往是一发现孩子的淘气行为，就马上予以制止，可是愈是制止，愈会引起孩子的好奇和"淘气"。实际上，对于"淘气"这个概念，父母要正确地理解。

不要误解孩子的淘气

踩坏别人的玩具车、扎破别人的气球、对小伙伴使用恶作剧礼物，一旦孩子有这些行为，得到的一定是父母的惩罚。想必大多数人的童年经历也是这样，一旦做错了事情，得到的便是责备、批评、教训、警告和命令。

父母批评、责备孩子所导致的结果就是，孩子开始每天察言观色，谨小慎微，然后逐渐丧失自我，成为父母所期待的样子。但是在内心，依然是一个没有长大的孩子，渴望被理解和关注。

为什么父母不能接受淘气的孩子？原因可能是父母本身在拥有孩子之前的生命过程中没有正常发展，没有完全释放天性，使父母没有心力宽容地对待身边的每一个人，包括自己的孩子。

俗话说："淘气的小子是好的，淘气的姑娘是巧的。"这是通过许多孩子成长发展的经历得出的结论。从某种意义来说，童年与淘气是自然联系在一起的，没有人会说大人淘气。淘气只发生于孩提时代。如果孩子在童年时候一点也不淘气，那么这个人一辈子都不会有淘气的体验了。这难道不是遗憾的事吗？

淘气说明孩子有活动能量，有旺盛的精力，是健康的、活泼的。淘气说明孩子情绪积极，心智活跃，心态宽松，心理上有安全感。淘气说明孩子有探索周围世界的积极性。孩子许多淘气的行为都是出于好奇、想试探、想解疑。

恰恰相反，孩子一旦不淘气了，很可能就是不舒服、生病了，或者情绪低落了。而一点都不淘气的孩子多半是呆板和冷漠的。

可以说，淘气正是孩子的可爱之处，一点不淘气不是成小大人了吗？

父母不要误解孩子的淘气，否则会一不小心就抹杀他的天性。父母为何不尝试着接纳一个"淘气"的孩子，在陪伴他的同时，又治愈自己呢？

但是接纳孩子的"淘气"，不意味着一味纵容，需要父母有一双"慧眼"，来识别"淘气"和"天性"。因此，陪伴一个淘气的孩子，也是对父母的疗愈。

孩子调皮是正常的，教育时主要是要加强对他们的引导，正确引导调皮的孩子健康成长是父母的非常重要的责任。

所以父母只要不觉得孩子的行为会对以后个人或对社会造成影响，就不要太限制他，平时多跟他们进行感情上的沟通，千万不要失控就可以了。

对调皮的孩子大人一般都比较头疼，因为他们不会听大人的话，其实这又是他们可贵的一面，因为他们较有主见，不会受外界影响。那么，对于精力比较旺盛的调皮的孩子，父母就应利用这一点，找出他们感兴趣的有益的活动让他们去做，寓教于乐。

正确的方法是对待这些孩子一定要耐心，不管是对是错，要在表扬或批评的同时让他们知道自己对在那里，错在什么地方。

每个孩子的情况是不一样的，我们要具体问题具体分析，这就需要老师和父母多下功夫。儿童阶段是一个人的智力发育和世界观形成的关键时期，正确的引导可以帮助他们打好基础，走好人生的第一步，切不可急于求成！

家里有爷爷奶奶，如果幼儿早教方法不一致也有不利的影响。

他知道哭可以达到目的，所以就会反复用哭的方法。和家里统一意见，即使哭也坚决不能就范，比如在商店里哭闹非要买什么玩具，最好赶快给他抱走，否则在商店里面耍起来，大人可能觉得没面子，就不得不息事宁人了，这样对小孩子没有任何帮助。

把他抱走，和他讲不给他买的道理，讲一遍就行，他可能会哭上一阵子，也可能会说些意气用事的话，不和谁谁好了等等。

建立一些简单的规则，比如，每天可以买一样小食品，吃了雪糕就不能再买糖豆了，要等到明天才可以，然后坚决地执行这些规则。没有孩子会一开始就很心甘情愿地遵守规则，他们都会想办法冲击规则，这个时候父母的坚持是很重要的！

乖孩子未必好

其实纵观整个社会，不少父母衡量好孩子的标准就是"乖不乖"，但是怎么才是"乖"，又鲜有人能给孩子下个定论。经常有一些父母，说孩子老是不听话，这不乖那不乖。好像学习好的、素质全面的孩子就是用"乖不乖"来衡量的，似乎"乖"成了衡量孩子好与坏的标志。

曾有一个研究课题：乖孩子是否真的"乖"？

结果发现，这些所谓的乖孩子为了赢得学校和父母的认可，心理是压抑状态的，他们生怕老师或父母失望，生怕老师说自己不好，他们不像那些调皮捣蛋的学生有活力和自信。他们把自己的内心世界藏起来，如果不及时被父母发现，则会埋下不快乐和压抑的种子。

如果乖的层面只停留在得体、有教养、尊重他人，那么这种乖孩子的确应该是好孩子的完美范本、教育的目标。

但更多父母对乖孩子的标准是安静、顺从甚至是言听计从。"乖孩子"不顶嘴也不抬杠，父母不允许的事他们也不会提第二次，不会担心被老师找父母，选大学挑专业找工作全听安排，甚至嫁人都由父母亲自把关。

乖孩子一般喜欢墨守成规，长大了可能创新能力不足，抗压能力不强。

德国著名心理学家海查曾做过以下的实验：对2岁到5岁有强烈反抗意识的100个孩子与没有强烈反抗意识的100个孩子做对比观察，从儿童时期观察到青年时期。

84%的强烈反抗意识的人的意志力坚强，有坚韧性，独立分析和判断能力强。而没有强烈反抗意识的人中只有16%的人意志力强，其余的人遇事怕担责任，欠缺独立思考能力，希望别人替自己做决定，缺乏主见。

根据以上的实验，心理学家还得出另一个调查结果：74%淘气孩子长大易成功。而"听话的孩子"孩子长大不一定有出息。

自古以来，中国父母或私塾里教育孩子，总是喜欢听话的孩子。而那些调皮捣蛋的孩子，是学校和父母打压的对象，虽然他们总是被老师和父母批评，但是他们的"抗击打"能力强，根据调查所掌握的大脑知识来看，这是因为他们的大脑调节功能强，抗挫折性强。这类人一般有主意、有主张，愿意承担风险。

由此可见，乖孩子未必好，某些时候，保留孩子调皮的天性往往能够更好地培养孩子的能力。

正确对待调皮孩子的淘气行为

父母不要过多斥责孩子,而是让他按着这个过程发展。当孩子通过淘气使探索欲望得到满足后,便不会继续这样做了。只要没有什么危险,就应尽可能地对孩子的活动少加限制,容许孩子适当淘气,等待他自己从淘气中"毕业"。

对待孩子淘气的基本对策

1. 保证孩子安全

孩子淘气不一定要阻止,但父母必须保证孩子的安全。

父母可以用转移注意力的方法，使孩子避开那些有危险的活动，把可能有危险或不宜摆弄的东西放到孩子够不到的地方。

在保证安全的前提下，让孩子淘气的天性得到尽兴的发挥。

2. 不要急于干预孩子的淘气行为

要努力分清行为的本质和动机：是单纯的淘气，还是好奇心驱使下的探索行为，从而决定是加以劝阻，还是因势利导。

3. 父母要"童化"自己

父母应该创造一些条件和机会，以小伙伴的身份和孩子一起娱乐，有时还可以帮宝宝出主意，想办法，引导他将淘气行为变为有意义的探索活动。

比如和孩子一起搭积木，一起玩遥控车，这样不但能让他们的剩余精力得以发挥，还能同时锻炼他们动手能力和增进亲子感情。

4. 多点"好笑"，少点"好气"

父母对孩子做出的淘气行为往往会感到既好气又好笑。如果孩子的淘气不是太过分，那么不妨少点"好气"、多点"好笑"，这不仅是出于营造轻松气氛的考虑，而且还有利于你自己的健康。

5. 要给宝宝立个规矩

让他从小就懂得什么是对的、什么是错的。这个意识在宝宝头脑中扎下了根，就会成为他的行为准则，形成自律。宝宝需要一个界限，这个界限告诉他什么可以做、什么不可以做。

区分淘气与不良行为

淘气是孩子天真、幼稚、活泼的表现,是孩子探索世界的举动。淘气的行为中会有不恰当的行为,但这是幼稚所致。

而不良行为却是品行问题,对淘气与不良行为要采取不同的幼儿早教方法,例如攻击性行为、不诚实行为、破坏性行为、恶作剧等。

对淘气大人要宽容和引导,但对不良行为却不能宽容,要进行制止和纠正。有些孩子的不良行为,就是大人误认为是孩子淘气而忽视的结果。

例如,孩子骂人,有的父母听了一笑了之,觉得就是淘气,不用管教。待到孩子满嘴脏话时,想管已经来不及了。

正确引导孩子的"淘气"

育儿其实是自我人生态度的反思,观念与方法的改变是亲子时光里一段又一段的旅程,正确的"爱"加上恰当的方法,每位父母都可以成为自己孩子最好的老师。想要让孩子成为一个懂事的孩子,这离不开父母的正确引导。

每个孩子都是独一无二的,正如每位父母也不尽相同,养育孩子的方法自然也会千差万别。

很多人说"淘气"是孩子的天性,有时"淘气"让父母感受到童趣,有时却让父母感到头疼。当"淘气"的行为妨碍了规则时,我们往往首先会想到制止,有时候越是制止,孩子越是来劲。

孩子有很多不符合成人思维习惯的行为，在成人眼中，这种行为不影响他人时便是童趣；影响了他人便是"淘气"。所以"淘气"只是从成人的角度对孩子的评价，是用"定式"的思维看待孩子的行为，并不能帮我们了解孩子。

换个角度看问题，才能走进孩子的内心深处。

从儿童的视角出发，世界上的每一件事都是没有经历过的，他们不懂成人的"定式"和社会规则。只有父母能够做到正确引导孩子，才能更有效地处理孩子的"淘气"。

举个例子：

有位妈妈说："我孩子2岁了，特别喜欢扔东西，不听劝，把东西到处扔，看书扔书、吃饭扔勺，说也不听打也不听。有时甚至看着你的眼睛，故意扔给你看。心情不好的时候，就会特别生气。"

如何走进孩子的心里，解决这些"淘气"的问题呢？首先问自己三个问题：

（1）这件事对孩子来说有什么新鲜的意义？

（2）这件事孩子表现出什么样的状态呢？

（3）我应该如何引导孩子呢？

扔东西，有什么意义呢？想象一下如果你第一次扔东西，会有什么样的体会？

眼睛：看到被扔的物体划过一个弧线，飞向远方（这是从未观察到的景象）。

耳朵：物体落地碰撞，发出不同的声响（这是第一次听到这么远的地方因为自己而发出的声音）。

手臂：感觉到物体的重量，扔出去的力量不同，飞出去的距离不同（这是第一次体会到力量与距离之间的关系）。

周围的人：居然可以吸引到成人的注意力，甚至会过来跟我说话（又一种影响别人的力量）。

这些新奇的发现在大家小时候一定都感受过，只是大家已经没办法在脑海中回忆起来了。只是在脑海中想一想，我也觉得如果我第一次做这件事，我会很兴奋。所以，不管怎样，这是一件很有趣也很有意义的事情。

针对孩子扔东西，下一步需要我们思考的就是"孩子的状态是怎样的"。

（1）惊奇与喜悦：如果孩子表现出兴奋，那么我们可以想象出那是因为孩子发现了这样做很有趣，体会到了自己与物体之间因为力而产生的联系。

（2）生气：如果孩子做这件事情表现出不高兴，那么十之八九是在发泄情绪，释放情绪所带来的能量：不知道什么事情，让孩子伤心了。

（3）心不在焉，观察父母：如果孩子的注意力并不在扔的物品上，而是总是关注父母的反应，那么孩子应该是通过这种行为吸引成人的关注，也许他自己待着无聊，希望有人陪陪他了，又或许他想得到某种东西。

弄清楚孩子扔东西的根本原因后，该思考如何引导孩子了。综合上面的问题，孩子行为的原因可以归为四类：

1. 好奇探索

这是最常见的原因，幼儿活泼好动，对事物充满好奇。孩子不经意间扔了一个物品，发现原来这个动作这么有趣，于是开始尝试不同的力量，聆听不同的声音，甚至着迷于成人紧张的反应。这一切都让孩子体会到了力量。

这时候，我们需要做的是保护孩子的探索意愿，创造一个安全的可以"淘气"的环境，选择可以扔的物品，给孩子充分尝试的机会。

当孩子拿到了不可以扔的东西时，只需要及时地跟他交换过来，告诉他"这个不行"，让孩子了解行为的界限。用不了多久，孩子便会掌握这件事情的规律，也就不喜欢扔东西了。

2. 发泄情绪

对于发泄情绪型的"淘气"，我们需要接纳孩子的情绪，哭或生气都是被允许的，充分运用"共情"安抚孩子。

同时，要让孩子明白我们接受你的情绪，但是不接受伤害自己或家人的行为，鼓励孩子说出自己的感受，而不只是扔东西。

3. 吸引注意

这种情况，需要我们仔细地进一步思考，孩子想要得到的是什么？有的孩子想要得到陪伴，有的孩子想要得到表扬，甚至有的孩子想要的是在我们看来很古怪的需要。

总之，这是给父母的一个信号，你需要进一步了解孩子了，他的想法你没有觉察到，而且孩子对这一点很不满意。

4. 精力过剩

因精力过剩造成的"淘气"，随着幼儿年龄的增长，各种能力不断提高，但成人所能提供的活动环境和条件不能满足孩子需要，他们剩余的精力无处使用，也会产生"淘气"行为。

你发现了吗？原来看孩子是一个如此有趣又有挑战性的事情。只是依靠本能或是上一辈的经验，甚至专家的指导，都不足以解决自己的育儿问题。

你还需要一份很好的好奇心，走进孩子的内心深处，如同回到自己的童年探秘，去找到自己与孩子相处的最好的方法。

作为父母，这恐怕是育儿最享受的事情，亲子时光是非常美好的一段时光。你再不行动，孩子便长大了……

不随便给孩子的淘气贴标签

不要随便定义孩子的淘气，它会让孩子变成你所讨厌的样子。如果你的孩子将包装好的"便便"当作礼物送出去，你会不会说他太有心计？如果你的孩子去反击别人，你会不会说他报复心太强？

事实证明，就算父母不能接受孩子的这种淘气，但是也绝不能给孩子贴标签。

有一个13岁的女孩这样描述："他们（父母）经常说我，说我有多坏，说我的想法有多么愚蠢，我是如何不值得被信任，但我会故意做更多让他们讨厌的事情，反正他们已经认定我又坏又蠢，我就干脆一路笨到底，肆无忌惮做各种蠢事给他们瞧瞧。"

这个女孩非常聪明，她懂得那句古老的谚语：如果你总是和孩子说他很坏，他真的就很可能变成很坏的那个人。

这个例子告诉我们，作为父母，我们对孩子说的每一句话都可谓掷地有声，比其他任何人的言辞都更有分量，父母对孩子说的话可能一锤定音，决定未来许多年里孩子的自我认知。

美国心理学家塞西·高夫在《遇见孩子，遇见更好的自己》中写道："人们大脑中经常回放一种声音，叫'磁带'，通常都是父母评价我们的时候在我们大脑中留下来的印记，其效果往往是让我们怀疑自我。"

父母不断完善自身

孩子不是教出来的，孩子是通过模仿学习的。而且他不会只选择模仿周围环境好的东西，好的不好的他都会模仿，所以我们大人尽量完善自己，给孩子提供更好的可以模仿的环境和榜样，我相信这样是对孩子最好的帮助。

孩子身上的问题一定能在他周围的长辈身上找到影子，只是有时候表现的方式不完全一样，我们认不出来罢了。

用实例启发孩子

应对淘气的孩子，父母可以采用实例启发的方式进行引导，用一些生动、实际的案例，启发孩子思考，将淘气转换为创造力、动手能力。

例如，孩子把东西往水盆里扔，这是孩子的探索行为，成人要理解孩子，并抓住机会引导他。可以和孩子一起做玩水游戏，做个沉浮小实验，同时告诉孩子什么东西不怕水、什么东西怕水、怕水的东西不能放进水里等。这样，孩子的探索兴趣得到了满足，又获得了有关的知识，发展了动手能力。

针对不同淘气原因采取不同的方法

每一个孩子都独一无二，每一个淘气的孩子其淘气的原因各不相同。针对不同淘气原因的孩子，父母应当采取不同的方式方法，对症下药才能够根治孩子淘气的问题。

1. 精力过剩的孩子

很多孩子淘气是因为精力过剩，孩子有无穷无尽的精力没有释放出来，自然会更加活泼好动。那么，针对精力过剩的孩子，父母应给孩子创造一些条件和机会，提高孩子动手动脑的能力，培养其良好的意志力和品德，让其过剩的精力有用武之地。其中，父母指导孩子的游戏活动很重要。

不要小看了孩子的玩耍，孩子的玩需要父母的指导和适度参与，如果只是给孩子买了一大堆的玩具，却不教给孩子怎么玩，或者大人根本就没有玩过孩子的玩具，那么孩子就很难从玩具中得到更多的"智力营养"。

也许孩子只会把积木杂乱无章地堆叠在一起、把球盲目地扔来扔去、别人玩娃娃家游戏时孩子往往充当一个破坏的角色，也根本坐不下来耐心地拼图和画画；常常一会儿也闲不住，但也不知他在忙什么，上蹿下跳，大叫大嚷，消耗他过剩的精力。

这样一来，孩子也就很难从玩具和游戏中获得更多的乐趣，反而会成为一个讨人嫌的"捣蛋鬼"。久而久之，不仅对孩子的智力发展有影响，也会影响孩子的性格。

2. 好奇心强的孩子

不少孩子淘气的原因是出于好奇，因为渴望了解身边的事情所以更加活泼、好问。

孩子对不了解的事情感到好奇，是一件好事，实际上这是一种探索、一种学习。这时父母如果只是斥责或打击，那么，孩子的求知欲望就会被泯灭，正在萌发的自信心也会被扼杀。

因此，父母应该珍惜孩子的这种求知心理，抓住时机，予以引导：

（1）要向孩子介绍新接触到的事物的简单知识，满足孩子的好奇心和求知欲。

（2）要耐心讲道理，帮助孩子"淘气"，并要求孩子不影响成人工作或损坏东西。这样，既能满足孩子的好奇心，又能使他获得新知识，形成好行为。

3. 想引起父母注意的孩子

有些孩子喜欢在父母的面前又跑又闹，往往父母会认为孩子很淘气，但其实这只是孩子想要引起父母注意的一种表现。父母则应该放下正在干的事情，去关心孩子，倾听他的要求，然后对他进行合情合理的教育，让孩子知道父母是关心他的，使他达到心理上的平衡和安慰，而保持正确的行为。

更为重要的是，对这一类孩子，父母平时要多注意观察其行动，尽量做到防患于未然，遇事力求事先打"预防针"，让他知道成人对他是关心和注意的，避免引发其"淘气"行为。

4. 有意识"淘气"的孩子

另外有一些孩子，由于天性使然，本身十分淘气。对于这些有意识淘气的孩子,父母可采取"冷处理"的方法,既不要打骂,也不要训斥,等到事情平息以后,再指出孩子的不良行为,并给予纠正。也可以用"自然后果"法惩罚一下,让他感觉到自己的行为给自己带来的后果,让其牢记教训,下决心改正错误。

叛逆期的孩子，重在引导而非逼迫

从个体心理发展来看，孩子从幼年到成年，都会经历三个特别的叛逆时期，孩子的叛逆期大致能够分为以下三个阶段：宝宝叛逆期、儿童叛逆期、青春叛逆期。在这三个阶段内，都会表现得很逆反。

"叛逆期"是心理学家们的一个说法，代指这个阶段孩子的自我意识快速发展，对独立、自主、自由有了迫切需求。

2至4岁——宝宝叛逆期

很多父母只知道步入青春期的孩子会叛逆,但是却不知道宝宝时期的孩子同样会叛逆。其实,2至4岁的孩子会迎来他们的第一个叛逆期,这就是"宝宝叛逆期"。

宝宝叛逆期的表现

孩子从两岁的时候开始就会形成自我意识,这个时候他们会用自己的方式去了解世界,去展示自己的力量,于是总是说"不",他们最喜欢的事情就是在父母说的指令前面加个"不"字来回应,比如"不睡觉""不吃饭""不叫叔叔"。有时孩子甚至懒得回答父母,直接甩头就走。

而且在这个阶段,孩子有一个明显的行为就是"打"人,比如有的孩子在这个阶段会经常动手打自己的父母,无论父母提出怎样的要求,孩子都予以抵抗,即使因此受到父母的严厉惩罚,但是过几天同样会再犯此类错误。

但是,这很有可能是因为孩子年幼无法表达自己内心的情感,所以只能用打人的方式进行表达,同时,由于父母并未告诉孩子这样做的严重后果，导致孩子无法意识到打人这件事情的重要性，从而使孩子持续这样的行为。

此时，父母可以采取改变的措施，适当地反击，拍孩子几下，让孩子意识到被打是一件很痛的事情，告诉他打人和拍桌子是不一样的。长此以往，孩子会意识到打人是一件不好的事情，逐渐地就会改变自己的行为。

如果父母不理解孩子的意思，他就会气急败坏。有时候他们尽自己所能跟父母讲一件事，但是父母没有听懂，要么搪塞过去，要么不理睬，这样只会让孩子着急上火，于是吵闹。很多父母觉得这是孩子无理取闹，非打即骂，企图逼孩子就范，完全没有去顾及孩子的想法。

这个年龄阶段的孩子才刚刚开始说话，词汇量有限，发音又不标准，所以要表达一个概念很难，父母要有足够的耐心等待孩子成长，等待孩子将他想要说的话表达清楚。

比如，有一个小朋友跟自己的爸爸介绍上课认识的恐龙。此时，他提到了"副栉龙"，因为这种恐龙不如霸王龙有名气，读音也十分拗口，所以爸爸不知道孩子想要表达什么意思。孩子当时说了很多遍，但是不管怎么讲，爸爸还是不明白，把孩子急得开始大叫，手脚并用想要让爸爸明白自己所要表达的意思。但是孩子的这种行为在爸爸的眼中更像是生气、愤怒的表现，所以爸爸的脾气也逐渐变得暴躁起来。父子因为沟通不畅，而无法再继续交流下去，亲子关系也大打折扣。

由此可见，面对这个阶段的孩子，父母必须有足够的耐心，需要平时多留心观察，去了解孩子的一些特点。这样能避免很多的冲突。

宝宝叛逆期中几个敏感期

在宝宝叛逆期当中,还能够细分为以下五种敏感时期:诅咒敏感期、占有敏感期、动作敏感期、细微事物敏感期、秩序敏感期。父母想要帮助孩子健康地度过宝宝叛逆期,就要了解在这个阶段中的几个主要敏感期。

1. 诅咒敏感期

诅咒敏感期的基本特点:诅咒敏感期发生于2岁到3岁,孩子在这时发现语言和肢体语言是有力量的,而最能表现力量的话语就是骂人的话。比如小朋友会说"把你咬碎吃掉"或者还会放狠话"打死你""把你踢死"等,这些听上去既不文明又有些可怕的言辞,出现的频率相当高。

儿童发展心理学家认为,随着年龄的增长,儿童很快发现一句话能表达一个意思,这个发现又使他开始重复说一句话。要知道，孩子的领悟能力很强，如果孩子发现语言本身是有力量的，一句话有时候会产生一种强有力的效果，或者像一把剑一样能刺伤别人，那么孩子便会用这样的语言来保护自己，正因如此，孩子迎来了诅咒敏感期。

面对童言无忌的孩子，父母的最差表现方法就是反应强烈，有些父母甚至还为此打孩子，觉得是孩子不听话。同时，父母也不要总是跟孩子大吼大叫或者威胁孩子，这样孩子会将你的行为方式用来对付小伙伴或者对付你。

孩子在诅咒敏感期的这一阶段发现了语言的力量，而且他们最能表现力量的话语就是诅咒，往往成人反应越强烈，孩子就越喜欢说。因此，面对这样的孩子，父母需要做的就是忽略、淡化，不要在意孩子的语言，因为这并不是他真的想表达的，慢慢等待这个阶段过去。

2. 占有敏感期

占有敏感期的基本特点：此时，孩子强烈地感觉到了占有、支配自己所属物的快乐，并且对父母的大道理一概不听。

比如，一个孩子拥有一辆滑板车。某天，有一个小朋友要玩这个孩子的滑板车，他不准，两个人差点打起来。

父母把孩子带回家后问他："你觉得那个小弟弟怎么样？"

孩子回答："很可爱。"

父母问："那你想跟他一起玩吗？"

孩子回答："想。"

父母又问："那他的玩具你喜欢吗？"

孩子回答："喜欢。"

父母接着问:"那你的滑板车可以借他玩。"

孩子严肃地说:"不行,那是我的。"

此后,不管父母怎样劝说,这个孩子都坚持滑板车是自己的东西,不能够给其他小朋友玩。

根据上述案例能够看出,在这个时期的孩子已经出现了强烈的占有欲。心理学理论认为:孩子只有在完全地拥有物质并可以自由支配时,才可能去探索物质背后的精神,才可能超越于对物质的占有。而当这些物品完全属于孩子自己时,交换就开始了,而这要靠孩子的自觉,父母不要过早地进行干涉。可以给予引导,慢慢让孩子进行人际交往。

当孩子进入占有敏感期时,父母应当尊重孩子的选择和意愿,不要觉得孩子是老大,就一定要把玩具从孩子手里抢走送给那些小的孩子。在这个问题上,年龄和面子都不应成为伤害孩子的利器。

父母应给孩子提供一个独立的空间,比如一个属于孩子自己的房间或者区域。在准备进入孩子的房间或者区域时,一定要征得孩子的同意,尊重孩子的空间。

3. 动作敏感期

动作敏感期从孩子很小就会出现,尤其是在3岁之后表现尤甚。动作敏感期的孩子主要动作包括两个部分:大肌肉的运动,如走路、跑步、跳跃等肢体动作;小肌肉的运动,如手眼协调动作等。

孩子在动作敏感期会变得活泼好动,并且能够充分发挥大肌肉和小肌肉之间的配合活动。面对活泼好动的孩子,很多父母直言"根本停不下来",不少父母为了停止孩子的活动想尽一切办法,甚至不惜打骂孩子。

但实际上,孩子在动作敏感期本身就好动。大肌肉的运动有助于孩子左右脑的协调均衡发展,小肌肉的运动能够促进孩子的智力发育。可以说,孩子好动有百利而无一害,父母不应限制孩子合理的动作。

在孩子的动作敏感期,父母应该将自己的孩子视为一个有能力的独立个体,遵循孩子的成长规律,让孩子充分释放自己的天性,尽量满足孩子探索的欲望。孩子的动作是他们探索陌生世界的方式,只有父母放开手,才能够让孩子通过动作练习获得更多能力。

4. 细微事物敏感期

孩子在3岁左右会出现一个神奇的敏感期,那就是细微事物敏感期。在细微事物敏感期中,孩子普遍会对生活周围环境中一些十分不起眼的细小事物格外重视,例如地上的小蚂蚁、路边的一朵小野花、墙壁上凸起的小黑点甚至是散落在桌角的一块小纸屑,仿佛所有事情都能够引起孩子的兴趣。

父母常常会打断孩子对于细微事物的观察，对孩子的好奇也视而不见甚至感到厌烦。其实，父母应当给予幼小的孩子更多包容和耐心。微小的世界在孩子的眼中是神秘的，孩子能够从观察当中获得无穷无尽的乐趣。

当孩子在细微事物敏感期的时候，父母应当给予孩子必要的支持，为孩子创造出更多观察这个世界的机会，同时教给孩子科学的观察方法，并借此培养孩子敏锐的观察力。

5. 秩序敏感期

孩子的秩序敏感期通常出现在3岁以后，在这一时期的孩子秩序感十分强烈，往往就像一个"小强迫症患者"。处于秩序敏感期的孩子对于物品的摆放位置、完成一件事情的先后顺序以及某件物品的归属等问题都会有十分强烈的"执念"，他们会非常坚决地执行自己所认定的秩序，不允许任何人打破或者改变。

往往在孩子的秩序敏感期中，父母与孩子之间更容易产生矛盾。父母常以成年人的思想和逻辑要求孩子，并命令孩子按照自己所定下的秩序操作。殊不知，孩子虽然还小，却已经形成自己独有的行为秩序，一旦自己的秩序被父母否定或更改，孩子必然会出现不满的情绪，甚至会和父母大吵大闹。孩子此时的吵闹在父母眼中就是"叛逆""不听话""不守规矩"的表现。

其实，秩序敏感期的出现正是表明孩子在不断地努力适应这个多变的世界，孩子通过逐渐建立内在秩序来调整自己。在建立秩序的过程当中，孩子的智能也逐步建立起来。可以说，秩序感是孩子的一种内在需要，只有父母满足孩子的自身秩序，孩子才能感受到尊重与幸福。

因此，父母应当尽量满足孩子对于秩序的要求，使他们真正建立安全感，并且在成长过程中获得全面的发展。

该怎样和这个阶段的孩子沟通

儿童教育学家把"宝宝叛逆期"称为"烦恼的两岁"，这个时候的孩子会变得以自我为中心，喜欢跟大人唱反调，做一些夸张的事情来吸引大人的注意。比如总是大喊大叫到处跑，不听父母指挥，叫他很多遍都假装没听见……很多父母会被孩子折腾得很烦躁，孩子说不听、打不得，不知道应该拿这"熊孩子"怎么办才好。

其实这是因为孩子开始有了独立意识，突然觉得自己长大了，要表现得跟大人一样，所以他不喜欢被父母指挥，叫他走东他就走西，喜欢说"不要""不行"。

他的好奇心和行动力都变得比以前强，所以他的破坏力就更强了。他在用自己的方式探索世界，试探父母的底线，同时又会变得很黏人，情绪变化无常。

而这个时候，正是亲子关系的关键时期，父母应该谨慎地对待孩子的叛逆行为，好好引导，既要保护他们的好奇心和独立意识，也要注意别给孩子留下心理阴影。

如果孩子正处在叛逆期，父母该怎么跟他沟通呢？

1. 别用威胁的句式

叛逆期的孩子喜欢跟大人对着干,比如父母想带宝宝出门,因为天气冷,所以想让他多穿一件衣服,但是孩子死活不愿意穿。这时,父母对宝宝说:"如果你不把衣服穿上,我们就不出门了!"结果就是,他会闹脾气大吵大哭,更加不愿意穿衣服,到最后连门也出不成了。

父母经常会对孩子说这样的话:"如果你不听话,我就不给你买玩具。"或"如果你不把饭吃了,你就别想吃零食了。"

"如果你不……我就不……"这样的逻辑,小孩子很难理解清楚,而且会让他有被威胁的感觉,反而会引起宝宝反抗父母的心理,这样就不会有好的沟通效果了。

同样是孩子穿衣的问题,如果父母对宝宝说:"宝宝,穿上衣服,我们就出发了!"或"宝宝,穿好衣服我带你去吃你最喜欢的蛋糕好不好?"那么,宝宝就会很爽快地回答:"好!"

2. 少对孩子说"不"

父母不要总是跟孩子反复地啰唆"你不要这样、你不能那样",而是应该直接告诉孩子希望他做什么,例如,当孩子玩完玩具之后没有将散落的玩具收拾好,父母不应该说"你不要乱丢玩具",而应该说"宝宝,把你的玩具收到柜子里,过来跟妈妈一起读故事"。

这个阶段的孩子会难以做决定,如果你问他一个问题,他会回答你"行",过一会儿又说"不行",所以别说"把衣服穿上好不好"这样的话,不然你会很容易就收到一个"我不"的回答。直接问他:"你想穿这件蓝色的衣服,还是这件黄色的?"这样他就不得不做出选择了。

3. 关注孩子的情绪

有时候,父母因为孩子总是吵闹而心烦,往往忽视了孩子的情绪,在孩子反抗时对他说:"为什么你总是不肯听我的话!"其实更多的时候是父母自己脾气不好,处理不好孩子的问题,就反过来觉得孩子跟自己的期待怎么差距那么大,别人的孩子怎么那么乖,自家的孩子怎么那么烦人。

孩子并不总是无理取闹的,当他发现自己的意愿总是被大人刻意忽略时,只好通过反抗和哭闹的方法来引起大人的注意了。想让孩子听话,父母应先解决宝宝的情绪问题,只有孩子感觉自己被父母理解了,才会真正听父母的话。

4. 转移孩子注意力

孩子的注意力很容易被转移,当孩子的意见跟自己的意见有矛盾时,父母不需要跟孩子对着干,只要利用这个特点,就很容易解决问题了。

比如,孩子喜欢玩沙子,还喜欢用手抓起沙子抛洒,弄得衣服上、头发上全是沙子。父母担心宝宝会被沙子伤到眼睛,想把他拉开,他肯定不愿意,父母告诉他别用手抓,他也肯定不听。这时候如果父母给孩子一个铲子和小桶,教他用铲子把沙子铲进桶里,他肯定会高高兴兴地开始用铲子玩沙子了。

5. "不理睬"战略

有时候孩子故意调皮,搞出大动作来吸引大人的注意,比如总是把桌子上的东西往地上丢,把自己的玩具到处乱扔,如果父母情绪激动,大声责备他,他反而会更加来劲:"我这样做妈妈会有那么大的反应,真好玩!"

这时候采取"不理睬"战略会更有效,让孩子自己闹,别搭理他。看到大人没反应,孩子自然就会觉得没趣了。过后父母再找机会跟他讲道理,慢慢进行教育。

6至8岁——儿童叛逆期

当孩子进入小学之后,思想在逐步走向独立,特别是小学二三年级的孩子们,此时已经有强烈的独立的思想意识,于是行动也开始独立。他们会觉得自己已经长大了。于是这个"小大人儿"就会极力地去挣脱父母的掌控,希望凡事自己说了算。于是处处喜欢跟大人"唱反调"。既然孩子成长变化了,父母的教养方式就得跟着变。

儿童叛逆期的表现

父母在面对处于儿童叛逆期的孩子时,千万不要动不动就跳起来发火。有时候给孩子充满爱的鼓励或者拥抱、亲吻等,都可以极大地增进亲子之间的距离。那么,儿童叛逆期究竟是怎样一种状况呢?在此,列举一些在儿童叛逆期的孩子的具体表现。

1. 出现破坏性和攻击性行为

案例:在家里摔东西、拆玩具、在家具和墙壁上乱写乱画、撕书、故意把东西丢得满地都是,当父母去批评孩子时,孩子不仅不听,还出现打人、踢人、吐口水等攻击性行为。

2. 经常和其他孩子发生冲突

案例：和别的小朋友玩耍时，喜欢争抢同一件玩具，喜欢争抢先后顺序，喜欢自己独享，不愿意和别人分享玩具，但又爱抢别人的玩具，严重时甚至打人。

3. 与父母唱反调、反抗父母

案例：父母要求做的事偏不做，越是禁止做的事情越要做。比如父母要求孩子不要在床上乱蹦，孩子听后，反而蹦得更有劲了。不理睬父母，宁愿自己玩，也不要与父母一起玩。

4. 倔强固执，情绪反应激烈

案例：带孩子逛街，孩子在橱窗里看到一款玩具汽车之后，坚持要买。可是家中已经有很多类似的玩具汽车，在拒绝孩子的要求后，孩子便开始大哭大闹，甚至在公共场合坐地耍赖、打人。

5. 违背制定的规则，不信守承诺

案例：孩子故意破坏之前定好的规矩，层出不穷地提出新要求，和父母讲条件。比如父母和孩子说好每晚只可以看半小时的动画片，可是孩子却经常违背这个约定，和父母耍赖，要求多看半小时动画片，否则就不吃饭。

儿童叛逆期的心理原因

只有深刻了解到儿童叛逆期的孩子的心理变化，找到儿童叛逆的原因，父母才可以避免使用一些简单粗暴的解决方法，而选择合理又高效的沟通教育方法。那么，出现儿童叛逆期的心理原因都有哪些呢？

1. **自我意识增长**

随着年龄的增长，孩子们会明确意识到"自我"的存在，孩子产生自我意识后，必然会对"我"的力量感到好奇，并且开始思考：我是谁？我要干什么？哪些是我的？哪些不是我的？

思考过后，孩子会通过各种方式去探索自己能做什么，自己会对周围世界产生怎样的影响，对其他人产生什么影响。

由于破坏比建设更容易，因此孩子通常通过破坏性行为来判断自己的能力，而不是通过建设性行为，这也就是为什么儿童叛逆期的孩子更喜欢制造一些恶作剧和表现出一定的攻击性行为。这种学习与探索的过程，在成人看来就是"叛逆"的表现。

2. **矛盾的心理**

因为孩子的"自我"尚未真正建立，在独立和依赖之前来回摇摆，所以，孩子在自我意识成长的过程中，必将经过一个矛盾的阶段：一方面，他渴望自由、渴望独立、渴望摆脱父母的控制；另一方面，在生活上、情感上又对父母十分依赖。

而这种矛盾的状况会造成：孩子比之前更黏父母，害怕父母离开，同时又会不断挑战父母的权威，和父母对着干。在此阶段中，父母的态度显得尤为重要。

3. **对世界充满好奇**

当孩子逐渐开始接触到周围的环境后，就会对世界感到好奇。这一时期的孩子化身"好奇宝宝"，每天会问出无数个"为什么"。还会通过行动去探索世界如何运转，他通过不断地挑战规则，来学习哪些规则是不能变的，哪些规则是可以变的。

4. 情绪逐渐复杂

孩子逐渐成长,接触外界环境越多,孩子的情绪也越来越多样,他们会思考一些更为复杂的东西。

而在思考过程中,孩子们会对自己的心理变化感到迷茫与抗拒,而又由于年龄所限,只会通过哭闹这种单一渠道来宣泄。在成人看来,孩子的表现就是无理取闹、不可理喻。

满足这个阶段孩子的心理需求

在孩子进入到儿童叛逆期之后,父母应当尽力满足孩子的各方面心理需求,以帮助孩子健康地度过这段时期。

1. 让孩子感受到认同

儿童叛逆期是孩子价值观形成的重要阶段。如果父母给予孩子正面管教的力量,肯定孩子的优点,给予他鼓励和正面暗示,会对孩子非常有帮助。因为孩子通过周边人的评价来感知自己,确定行为方向。

如果得到了认同,他们就会强化那些好的行为,力求自己变得更好。

但是也有很多的父母喜欢贴标签,导致"好孩子"往往会成为"问题孩子"。"捣蛋""嬉戏""胡闹""吵架"往往是孩子的自我体现,不能一味地进行打击,反而需要父母的接纳。

当孩子只是在行为上没有控制好,在道德品质方面并没有出现什么问题时,完全通过引导就能改变,千万不要打上标签,将孩子推得远远的。错误的教育方法只会让孩子走向错误的成长方向。

举一个简单的例子,有一个孩子小时候一直十分优秀,因为用学校退还的材料费购买了一本自己喜欢的书,所以生气的父母就反复打骂和埋怨他。但凡他犯下一点错误都重翻旧账,导致这个孩子后来干脆自暴自弃,性格和品行也一落千丈。

父母一直的否定,只会让孩子认为自己在父母眼中一无是处,会让孩子产生诸如"反正我没有什么好的,随便你们说什么好了"这种破罐子破摔的想法。

因此,父母一定要理性地告诉孩子,应该怎么办,将善良、谦逊、诚实、勇敢等优秀的品格交给孩子,并且让他坚守这些优质品格。

2. 让孩子感受到尊重

父母应当给予孩子足够的尊重。不要总是跟孩子说"我尊重你的选择",但最后孩子的选择永远以落空而告终。

在这个阶段,父母的一言堂绝对是杀伤性武器。涉及孩子自身的事时,父母不妨多与孩子商量,也可试着逐步将自主权交还给孩子,并在孩子遇到挫折和困惑的时候,帮助和引导孩子朝正确的方向前进。

比如对于阅读习惯的培养，孩子不喜欢文学名著，那么父母可以和孩子商量：是不是有别的爱好？然后沿着孩子的兴趣方向培养，孩子高兴，父母也轻松。

比如喜欢漫画的孩子，父母可以跟孩子商量，读一些健康的漫画有何不可？关键是保持孩子的兴趣，增强他阅读的兴趣。先打开了书本，然后再加以引导，涉猎更广泛才有希望。

如果不给孩子充分的自由，过分地加以控制，往往会让孩子心情压抑，通过叛逆来达到目的。

3. 经常陪伴孩子

很多孩子一到了这个阶段就变得"不听话"，而且学习也提不起劲儿。很大的一个原因是缺少真正的陪伴。

很多人的观念认为只要给予小宝贝亲密的爱与陪伴，等孩子上学了就可以放松一下了。于是父母开始把重心又转移到事业上去了。所以留守儿童以这个阶段的为主。父母的缺位，导致亲子关系紧张。孩子把精力都用来对抗父母了。

其实，孩子在这个阶段，非常需要父母的陪伴。

把孩子交给手机往往让孩子沉溺网络，不如多陪孩子读读有趣的书。

之前总是抱怨孩子要玩手机游戏、平板游戏，其实根源在父母没有陪伴他们一起游戏一起探索，在觉得应付不了他们的时候就使用最简单粗暴的方法：塞手机给他们。

14至16岁——青春叛逆期

青春期是指从14岁到16岁的那段时期,是介于少儿期和成年期之间的一段特殊时期。心理学极度重视这段时期,认为人生至此发展到了新阶段,是人生重要的转折期。这个阶段顺利与否,关系到孩子未来人生的幸福感和生活品质。

通常来说,在14岁左右,孩子刚进入初中那个时期才是真正叛逆期的开始。这个阶段,孩子对于自己的隐私、权利、意见都非常敏感。父母们发现孩子们会突然锁门,会要求父母进自己的房间要先敲门,会开始注意外形,会不愿意透露好朋友的信息。

除此之外,孩子们会抗拒早已和我们形成的身体接触的习惯,他们会躲闪父母的拥抱和一些亲密动作。

对待青春叛逆期孩子的原则

一提到青春期,很多父母就会头疼,因为孩子进入青春期之后,父母会突然发现,孩子变了,变得不顺从、不听话,他们的行为甚至可以用不可理喻来形容。

叛逆期的孩子会变得非常敏感,特别强调自己的价值和意见，对事物倾向于批判的态度，"凭什么""为什么要这样"成了他们的口头语。

同时，虽然有些孩子由于性格等原因会表现得比较温和，但这并不代表孩子的内心没有激荡，更需要父母细致的观察。

那么作为父母，我们如何帮助孩子顺利度过青春叛逆期呢？

1. 给孩子自己的空间

面对青春期的孩子，很多父母是一无所知的，于是有的父母去翻看孩子的日记本，偷偷翻看孩子的手机、QQ或者微信等。最后往往导致孩子对父母没有信任，更加不跟父母交流。

父母如果此时强行干预，效果肯定适得其反。所以一定要试着跟孩子做朋友，真正理解他、尊重他，才能正确引导他。

而且这个阶段的孩子，已经有了自己独立思考和判断事物的能力，他们的人生观和价值观已经基本形成，但是孩子们的世界和父母的世界还是有很大的区别。

不要怕代沟限制了交流，但是更不能因为唐突干涉孩子行为，侵犯孩子的个人空间而产生矛盾和冲突。

2. 积极参与孩子的生活

青春期的孩子正值生理发育的高峰期，雄性激素和雌性激素分泌旺盛。这种生理特征让男孩儿和女孩儿们身体内充满着躁动和不安。有时候他们自己都无法控制自己。比如感情的变化、注意力的转移、敏感焦虑等问题，往往导致孩子们过于偏激。

而这时，父母必须充分地了解孩子心理和生理特点，积极地做好亲子沟通，在说话的语气上、事情的选择等方面充分尊重孩子的意见。

不要什么事都给孩子安排好，因为大人眼里的世界和孩子眼里的世界是不一样的，千万不要包办一切，而要尽量多沟通，感同身受地去理解孩子。

3. 不干预孩子的社交

这个阶段的孩子开始远离家庭，走入社会，有自己的社交圈子。他们通过社会来重新认识和定位自己。孩子们有自己的社交圈，拥有自己的朋友，或者是有自己尊敬的长辈等，这些都有助于他们的心理健康。

当然父母不要想着去干预孩子的社交圈，只能尽量给他一个健康的社交氛围，比如给孩子一些忠告，带他出去接触不同的人，让他自己去感受。

4. 不对孩子唠叨

著名的教育学家林格曾经对1000名中学生做过一项家庭教育调查。在该项调查当中，有这样一个问题：你最不喜欢父母的何种行为？有60%的中学生选择了"唠叨"。可以说，父母的唠叨很有可能是引起孩子产生青春期叛逆的一大因素。父母永无止境的唠叨，不仅不能够起到教育孩子的作用，还会激起孩子对于父母的反感，使孩子感到束缚和不自由。

被称为"中国式管理之父"的曾仕强教授曾经说过这样一句话："当父母有事没事就给孩子讲一大堆道理的时候，孩子迟早会把父母的话当成'耳旁风'。"的确，出于青春叛逆期的孩子，最大的表现就是不听父母的话，与父母的命令"反着干"。

所以，父母在面对青春叛逆期的孩子时，一定要注意自己的语言方式，少对青春期的孩子"千叮咛，万嘱咐"，更不要因为不耐烦而对孩子大吼大叫。父母一定要明白，处于这个时期的孩子正在长大，正在尝试独立，正在形成自己的独特观念，用控制、制约的方式是无法奏效的。如果孩子太叛逆，那一定是父母的教育方式出现了问题。

5. 不将想法强加给孩子

许多父母都反映，在和青春叛逆期的孩子交流时，会不自觉地带有强行说服孩子的倾向。如果孩子服从管教，则会感觉很舒服；如果孩子不服从，则会很生气。其实，父母完全不必将自己想法强加到孩子的身上，强加的想法会使孩子内心产生压抑感，从而表现出强烈的逆反。

父母一定要清楚，青春期的孩子早已不是当年那个言听计从、没有认知能力的小孩子了，不能只在父母的安排下成长，他渴望得到选择权、决定权，极其反感被控制、被要求。因此，父母除了在言语上不能够吼叫、命令之外，还应当用建议的口气和孩子说话。只有这样，处在青春叛逆期的孩子才能够感受到父母将自己视为成年人，感受到被尊重。只有当孩子被尊重时，才有可能听进父母的教诲。

6. 给孩子"有限度"的自由

虽然主张父母给处于青春叛逆期的孩子足够的自由空间，但是这不代表父母可以对孩子听之任之、放手不管。如果放任孩子，那么孩子会更容易走上一条极端的道路，甚至可能会做出违法乱纪的事情，这无异于自毁人生。

其实，青春叛逆期的孩子虽然极度渴望自由，但是一旦需要真正独立承担某些重责时，又会显得十分怯懦，这与孩子的心智尚未发育成熟有着很大的关系。处于这一时期的孩子，更加需要从父母那里获得更加有效的建议。

父母可以尝试让孩子在一些小事情上自己做决定，一旦孩子产生困惑，应当及时出现在孩子的身边，为孩子讲道理，并且将个人意见提供给孩子参考、借鉴。在一些影响人生的重大问题方面，父母要帮助孩子把关，在不剥夺孩子自由的同时，给予孩子建设性的意见，帮助孩子做出正确的选择。

如此一来，孩子会因为感受到精神自由而越来越有自信，健康、幸福地度过青春叛逆期，并且逐渐成长为真正独立自主的人。

7. 满足孩子的心理需求

青春叛逆期的孩子往往会表现出以下几个特点：模仿大人抽烟喝酒、渴望经济独立等。其实这些种种看似叛逆的行为都是孩子正处于"困难时期"的证明。孩子在青春叛逆期，心理建设迅速加快，进入了"精神断乳期"，急于摆脱自己对成年人的依赖，试图重新构建自我，但又因为身心皆不够成熟导致无法彻底实现"重塑自我"，因而演化出一些模仿成年人的"反叛"行为。

父母要理解孩子的这种心理，并且尽量与孩子交涉或满足其某些需求。伴随着青春叛逆期孩子的心理变化，他会产生各式各样的心理矛盾，比如独立性与依赖性的矛盾、成人感与幼稚感的矛盾等。可以说"矛盾"是青春叛逆期孩子必不可少的心理体验，父母应当理解他，并且在必要时给孩子心理帮助，协助孩子顺利度过青春叛逆期。

对待青春叛逆期孩子的方法

青春叛逆期的孩子更加敏感，因为年龄的增长，阅历逐渐丰富起来，其思想相较于小孩子来说更加复杂，所以与这个年龄段的孩子沟通起来会更加困难。对待青春叛逆期的孩子，父母应当采取正确的方式方法，以达到引导的目的。

1. 保持冷静

急的时候有没有对孩子"吼"过？急的时候有没有想揍他一顿？所有的父母都会遇到这样的情况，更别提对待青春期的孩子了。急躁的父母，应该提醒自己，保持冷静，等自己和孩子都冷静下来,再慢慢沟通。

2. 观察沟通

观察有两方面,既要观察孩子,也要观察自己。在很多时候,父母必须转换角度,从第三者的角度观察孩子叛逆的问题:观察孩子的变化是怎样的,自己对待孩子的态度又是怎样的。

3. 开放自我

父母发现孩子打游戏会影响功课;父母发现孩子"追星"会影响学习;父母发现孩子与同学外出会影响学习。

遇到这样的情况,不要立即禁止,最好能多了解情况。如陪孩子去电子游戏中心,和孩子讨论他们的偶像,自己陪孩子出去走一走。

只有进入孩子的内心世界,才能相处得更融洽。当父母与孩子相处融洽时,孩子就不会反叛了。

4. 寻求意见

有时候,教育方面的问题应该多寻求别人的意见,看看别的父母有什么妙招。跳出自己固定的思维模式,让自己的思想更开阔。

除此之外,可以与老师多多交流。毕竟老师见到的学生多,知道用什么方法来引导孩子。另外,老师对孩子是最了解的,可以通过在学校的表现来"对症下药"。

5. 实践体验

通过实践进行体验,以化解孩子的逆反心理。

比如有对母子在外面,儿子看了模型一定要买,母亲说你已经有差不多的了,别浪费了。儿子不高兴:"我喜欢的你不买,你喜欢我学习好,我也不好好学。"

母亲一想,对儿子说:"买模型可以,你要负责每周拿出来玩3天。"儿子同意了,但是,过了几天对这个模型就没有兴趣了。这时候,孩子会感觉妈妈真的是对的。

6. 不断试验

父母管教孩子,要时常改变方式,孩子小的时候,一般只是父母讲,孩子听。

在孩子上了中学后,父母就应尝试双向沟通,时常听听孩子的建议。每个阶段的教育方法,不是完全相同的,哪怕针对同一个孩子。

7. 分析说明

父母要仔细分析孩子形成逆反心理的具体原因,比如是不是同学的引导,或者是在某些问题上有了自己的见解。

可以利用周末午后时间,选一个比较轻松的时候,进行充分的说明,这样,孩子的逆反心理就会逐渐消失。

对待青春叛逆期孩子的注意事项

父母除了要掌握对待青春叛逆期孩子的方法之外,还应当了解对待此阶段孩子的注意事项。孩子在一个十分敏感的阶段,任何一点事情都有可能触发孩子的神经。

1. 正确面对考分

考分是父母的目标和策略,但很多父母总把这个挂在嘴边,要知道欲速不达。因此,父母应当正确面对考分,如果孩子考得好则要表扬,如果孩子考得不好则要鼓励孩子,而不是批评、挖苦孩子。

当孩子考得不好的时候，父母可以安慰他："胜败是兵家常事，这一点小小的失败算什么，我们来找找原因。"

2. 认可孩子的努力

父母应当认可孩子的努力，不该处处否定孩子，更不要当众说孩子不努力。

很多父母喜欢在亲戚面前说："我家孩子很聪明，要是再努力点就好了。"这样是十分不可取的。

3. 不拿孩子与人比较

父母不应拿自己的孩子与其他孩子做比较，尤其是在外人面前，一定夸奖自己孩子。

一群父母在一起聊天，难免会聊到自己孩子，如果当众讲了孩子不好的地方，孩子听到就会很受伤。因此，如果话题说到孩子身上的缺点或劣势，父母一定要及时把话题转移开，不要当着孩子的面将他与其他孩子对比。

4. 正面鼓励孩子

父母要跟青春期孩子相处好，就记住一句：实实在在地相信他。孩子的进步是有过程的，从25%到50%到75%到100%，只要父母始终真的相信他，他终有一天会用实际行动证明自己长大了。

5. 鼓励孩子助人

如果父母希望孩子成为竞争力很强的人，则应当鼓励孩子助人。

很多父母只能够培养出竞争感很强的孩子，却很难培养出竞争力很强的孩子。

什么样的孩子竞争力才强？父母应该经常和孩子说："你要看看别人是不是需要帮助，要帮助别人。"

当孩子在注意看能怎样帮助别人的时候，他就会觉得自己能力很强，别人给他的反馈也都是正面的。

不少父母经常和孩子说"考试要多考分数""成绩要超过某某同学"，恰恰这样培养不出孩子的竞争力，只有竞争感，等到哪天孩子遇到了无法超过的对手，他的精神就会崩溃。

总之，不同的孩子每个阶段的心理发展都不一样。所以父母一定要在陪伴孩子的过程中了解自己的孩子。根据孩子的实际特点调整教养的方式。

不要孩子出了问题就怪孩子，要先从自己身上，从家庭找原因。始终记住：越用心的父母养育的孩子，叛逆的问题会越少，而孩子人生的3个叛逆期，是孩子成长过程中最重要也是最艰难的3个时期，优秀的父母一定要把握住时机，正确地引导孩子，成为孩子成长过程中最好的陪伴者。

自主选择而非参与,培养孩子的选择能力

中国的父母或许都有一个通病,那就是孩子的事我尽量给他做好铺垫,希望孩子凡事顺利,少些辛苦和磨难!其实,父母要明白,生活中的一些小事一定要让孩子选择,选择正确与否并不那么重要,培养孩子的选择能力才是最重要的。

Chapter 6

孩子越会选择,未来越优秀

生活就是选择的总和,无论是孩子,还是父母自身。所以,想要孩子有一个属于自己的美好未来,就先给孩子一个学会自己做选择,并对自己的选择负责的机会。

培养孩子自主选择的能力,是孩子进入社会后必备的一种生存技能。

孩子无论在学习中还是在工作中,都会面临各种各样的选择,如果父母不注意培养孩子自主选择的能力,以后遇到需要选择的问题时,孩子就会束手无策。

所以,父母要尽快改变孩子过分依赖父母的现状,在日常生活的点点滴滴中,有意识地培养孩子的自主选择能力。

把选择权还给孩子

心理学家们曾经做过一项关于儿童心理学的研究实验:

他们找来一些超重儿童,然后将他们分成A、B两组。在实验中,A组儿童按照减肥专家的建议执行减肥计划,所有的减肥行动都是减肥专家也就是他们心目中的权威替他们选择的。B组的孩子们可以根据减肥专家的建议，自由选择减肥方案，也就是说怎么减肥自己说了算。

在减肥期间，减肥专家不断提醒B组的孩子，他们的减肥方案是自己选择的。

三个月以后，实验人员发现，B组自己选择减肥方案的孩子，普遍比A组孩子减掉了更多的体重。

心理学家认为，当孩子自己可以自由选择的时候，他们会最大限度地内化自己的行为，并且对自己的选择赋予更多的责任感，行动动力也更加充足。

由上述案例可知，给孩子更多自主选择的权利能够让孩子更加富有责任感，对自己的决定和选择更加认真、负责。父母给予孩子充分的自主选择的权利，对于孩子的成长有着重大的意义。

其实，说起教育孩子的方式和方法，每个父母都会有自己的心得。但谈到教育目标，绝大多数的父母都会有一个共识：让孩子独立地做出选择，并学会对自己负责。

1. 自主选择才能认清自我

俗话说"萝卜青菜，各有所爱"，这有所爱就必须建立在尝试过萝卜和青菜的基础上，倘若单有萝卜或者青菜，人就"不知所爱"。

同样，在不断选择和取舍中，孩子才能认清自己真正的需要是什么、自己是什么样的人，才能找到生命的独特意义。

2. 自主选择能够提供前进动力

"自己选择的路，哭着也要走完"，这句话曾在网络上广为流传。因为是自己做出的选择，就必须自己负责，即便遇到了困难和艰难，也要咬牙坚持。

对孩子而言也是如此，从选择学习的才艺到大学专业、工作方向，只有出于自我意愿的选择，他们才能甘心去付出努力，不轻言放弃。

3. 自主选择能够对未来充满希望

人生若只有一种可能性，那该多可怕，因为一旦失败就再无其他出路。"别无选择"应该是一个最无奈的词汇，也常浮上很多绝望之人的心头。

父母最需要教会孩子的就是：人生其实有无数可能和选择，犯错了、失败了，不要紧——反省自我，重整行囊，再换条路重新走，总会守得云开见月明。

自主选择包含的能力

社会发展日新月异，孩子的人生将会拥有更多的选择。为人父母者,要从日常生活中的点滴开始,教会孩子积极地管理自己,鼓励孩子大胆尝试,学会自主选择,为孩子逐步走向成功奠定基础。

1. "自己想办法"的习惯

孩子在成长过程中,总会遇到许许多多的问题,如和同学交往有摩擦、学习过程中遇到难题、自己闯点小祸等。

面对这些问题,孩子可能会一时想不出解决的方法,转而求助于父母。当孩子向父母求助时,父母千万不要急于帮孩子解决,应该先让孩子自己想办法。

或许孩子的想法和做法并不能完全解决问题,也可能根本不能解决问题,但父母一定要先让孩子自己想办法,目的是让孩子从小就明白,自己的事情应该自己处理,任何时候都不能推卸自己的责任,不要什么事情都指望让别人帮忙收拾残局。

当孩子在解决问题的过程中遇到挫折或者失败时,这时父母可以和孩子坐下来,帮助孩子详细分析失败的原因,根据具体问题给孩子提出合理的建议,告诉他你会怎样做,供孩子参考,而不是直接安排孩子应该怎么做,让孩子自己选择决定,然后再让孩子自己去解决问题。

比如,如果孩子的杯子脏了,就让孩子自己想办法刷干净。孩子几乎用尽了家里各种洗刷工具,最后终于把杯子刷干净了。我想,孩子通过这件事,收获的不仅仅是用什么工具刷杯子最合适,还有更重要的是逐步养成不依赖别人,遇事"自己想办法"的习惯。

2. 自己的事情自己负责的习惯

作家刘墉说过这样一件事:"以前我也对儿子的事安排得面面俱到,但后来我发现这其实培养了他做事不负责任的习惯。而且父母的过度包办,也让孩子变得没有礼貌、不懂得珍惜。"

看来,父母首先要改变事事为孩子包办的做法,注意培养孩子对自己的事情自己负责的态度和习惯。

比如按时到校,应该是孩子自己的事情,可是,有多少父母为孩子的磨蹭生气:起床要叫,吃饭要催,吃完饭了还不赶紧走,又要晚了,没办法,去送呗。这几乎是所有父母天天面对的问题。要让孩子明白,按时到校是自己的事情,他应该自己负责任,而不应让父母操心。

当孩子不知道应该如何对自己的事情负责时,父母要对孩子具体指导,要求不要太笼统,越具体越好。

比如"你的责任是把自己的房间整理干净""自己上好闹钟按时起床""自己检查学习用品是否带全了"等,让孩子明确如何对自己的事情负责,慢慢养成习惯。

3. 大胆尝试、敢于试错的能力

孩子的问题,总归属于小问题,对父母来说简单得很。但是,千万不要过多地包办,剥夺了孩子自己选择和试错的机会。

就说报特长班吧,父母可能知道孩子适合学什么,但一定要把这个选择的机会留给孩子。通过让孩子自己选择,孩子即使选错了,也会从错误中吸取教训,帮助孩子在以后的选择中积累经验。

又如每年的高考填报志愿，都要花费父母大量的心思，又要考虑学校，又要考虑专业，还要考虑学校所在的位置环境，真是焦头烂额。可孩子却优哉游哉、吃喝玩乐，好像这些事情与他们一点关系也没有一样。

除此之外，父母帮孩子进行选择，孩子却往往并不领情。于是，上了大学后，好多孩子由于不喜欢所学的专业，转而埋怨父母，要求父母帮忙转专业，甚至退学。

那么父母为什么不把这个选择的机会留给孩子呢？孩子已经长大了，应该为自己的以后做出选择了。父母让孩子自己选择，无论孩子是否真的喜欢所学的专业，孩子都不会再埋怨什么。即使孩子非常不喜欢，大学里也有转专业的机会，转专业还会成为孩子学习的动力。

何况大部分孩子并不真正知道自己的兴趣在哪里，而是在不断的学习中慢慢培养出兴趣来。当今社会发展这么快，谁也说不清四年后什么专业就业形势最好，当初的选择也很难说清对错。

当然，让孩子自己选择志愿，并不是父母什么都不管了，全国有那么多所大学，毕竟孩子的社会经验太少，全权放给孩子，孩子会无从下手。所以，父母可以先选择几所大学和相关专业，提供给孩子作为参考，把最后的决定权放给孩子。

选择对孩子成长的意义

孩子拥有无限可能性，对于自己的未来，每一个孩子都有自己的把握。给予孩子充分的选择权对于孩子的成长来说十分有意义。

1. 增强自制力和责任感

对于自己选择的东西，他们为了证明自己是正确的，会更加努力地去达成目标，也更能规范自己的行为，因为他潜意识约束自己要对自己负责。

2. 增强自主意识

从小就有主见的孩子长大以后更加独立，自主意识强，对父母、老师的依赖性弱，这样的孩子也更能在复杂的社会生存和竞争。

3. 增强自信心

给孩子自由，孩子可以选择自己想要的东西，可以选择自己想玩的游戏，对于孩子自信心的成长十分重要。他们潜意识里认定自己可以做到，他们也相信自己有能力做出正确的选择。

4. 更加懂得珍惜

对于自己做出选择得到的东西，孩子会更加爱护珍惜。因为这是自己经过思考做出的决定，用心的东西总是能得到更好的爱护，选择自然也是一样。

5. 能力得到锻炼和提升

在选择的过程中，孩子的判断能力、思考能力都能得到锻炼提高。选择正确或者失败的经历会成为他成长的一笔宝贵财富，丰富他的人生体验，为以后的道路提供参考。

6. 促进亲子关系更加融洽

剥夺孩子的选择权，孩子对父母会产生厌烦感。适当地给孩子选择权，就是尊重孩子、相信孩子。孩子收到父母信任的眼光，对父母自然亲密有加。

怎样培养孩子自主选择的能力

学会选择是孩子负起自己人生责任的开始。

如果孩子从小穿什么、玩什么、学什么,都是父母给选择的,当孩子长大的时候,父母又有什么理由去抱怨孩子没有选好大学、工作,甚至伴侣?

那个优柔寡断、缺乏担当、逃避责任的人,不正是因为从小就被父母剥夺了独立思考、判断和选择的权利,一手"培养"出来的吗?

学会选择也是获得人生自由的基础。什么是自由?自由意味着要在不同的选择中做出取舍,并对自己的选择负责。

培养选择能力时的原则

父母在培养孩子的选择能力时,需要把握原则,只有这样,才能够让孩子更好地养成自主选择的习惯,才能够在成长过程中的重大选择上做到准确。

1. 掌握引导和自由选择之间的平衡

在父母和孩子相处的过程中,最高的境界就是:父母和孩子之间要找到某种平衡。

父母用相对科学的方法去引导孩子走好每一步，而不是强制孩子走父母安排的每一步。

对于完全在孩子自己责任范围内的事，应给予孩子充分的选择权和独立探索的空间。这样做既利于培养孩子的自理能力，又表达了父母对孩子的尊重。

对于孩子能够拥有自我个性的事情，父母可以给出开放式的选择，譬如问："孩子你今天想穿哪件衣服？"

而对于需要引导孩子做的事，父母要给出封闭性选择，譬如问："你想先收拾玩具，还是先去看书？"

而对于孩子必须做的事，父母的语气和语态一定要坚定，不给孩子说"不"的机会。

2. 从生活琐事开始训练

培养孩子的选择能力，不需要专门的训练，从生活的琐碎小事做起即可。例如，早上起床，是父母直接给孩子选一件衣服穿上，还是放手让孩子选自己喜欢的；带孩子去书店，是父母直接帮孩子选好书，还是让孩子自己选几本喜欢的；周末一家人是去博物馆还是去科技馆，走哪条路、坐哪路车；父母带孩子去游乐园，在时间一定的情况下玩哪些项目，先玩哪个，后玩哪个等等。

通过日常琐事培养孩子做选择的能力，让孩子对自己负责，其实很简单，但却往往被父母忽视。

培养选择能力的方法

孩子不是机器人，选择能力也不像程序可以一键安装应用，父母必须意识到培养孩子的选择能力是一个耗时费力的大工程，需要一步一步来。

1. 尽早给予孩子自主选择的权利

因为孩子越小，选择能力的培养效果越好。无法想象一个从小被父母事事做主的孩子，成年后就能自己马上做出决策。被父母安排好的孩子在面临独自选择的机会时，必定会茫然不知所措。

举一个简单的例子，现代"伤仲永"故事主角魏永康，他13岁上大学，但离开母亲后，因生活无法自理和学习问题被学校劝退，人际交往能力也十分低下。究其原因在于控制欲极强的母亲，除了专心读书，她不允许儿子做其他任何事情，最终神童泯然众人。

2. 给孩子适当的分析和指导

当孩子有限的经验无法做出选择时,父母就要给予必要的分析和引导:几个选项的利弊在哪里,选择之后的可能结果会是怎样的,如何去思考和取舍。

父母应当给孩子提供指导,和他们一起想出解决问题的方案。和孩子一起找出解决问题的方法,并努力去解决问题。

教会孩子在明确目的、手段和限制条件之后,找到最优解。这种思维方式能让孩子少走很多弯路。

暑假很多家庭会出门旅游,让孩子参与旅游目的地和路线的规划就是很好的机会:是出国还是去周边城市?父母有没有假期?父母的薪资条件如何?初定目的地有什么有趣的地方?是乘坐飞机、高铁还是自驾?相信最后即便最终结果和孩子的选择不完全一致,这一趟旅行的意义也会深刻得多。

3. 让孩子有尽可能多的事去选择

孩子有代表自己的权利,父母也应该给孩子足够的空间供他选择。记得曾经有个妈妈说:"最苦恼的是三岁的孩子每天要根据自己的要求穿衣服,不同意就哭和闹,自己要被逼疯了。"

其实,孩子根据自己的喜好穿衣服怎么了?孩子在餐厅根据自己的喜好点餐又怎么了?孩子想要先完成数学作业再完成语文作业又能怎样?

让孩子有事可做,有选择的空间,孩子会越来越自信。

4. 正确对待孩子的失败

失败不是什么错。谁不会失败?谁不曾犯过错?但是父母是否能从孩子的错误选择中吸取教训,这就是一般父母和智慧父母的最主要的差别。

犯错后找到犯错的原因,帮孩子再次出发,再次挑战难题,在一次次的挑战中,孩子就会越来越坚定地向前。

5.让孩子承担选择的后果

孩子有选择的权利,自然就有承担后果的义务,不论结果是好是坏,因为这是他们为自己人生负责的起点。孩子自己做的选择,就必须坚持下去,破坏了选择就要接受惩罚。年少时多碰几次壁,长大后才能少犯错。

比如孩子选择先写作业再看电视,某天偷偷先看了电视,父母可以没收作业本,再和老师沟通此事;或者一个星期都不让孩子看电视。记得这些惩罚都要在孩子选择之前,和孩子协商制定成规则,父母要做好监督工作。

自主选择,培养孩子的责任感

让孩子自主选择是培养孩子责任感的最好方式。孩子自主选择,结果的好坏都需要自己承担,自然而然能够培养强烈的责任感,在今后的成长中就不会常常怨天尤人,而是会积极勇敢地面对选择,承担后果。

鼓励孩子不为失败选择找借口

孩子自主选择错误十分常见,比如在父母给予孩子自主选择的权利后,孩子选择玩游戏而不是学习;选择沉迷网络而不是看书等,可以说孩子犯错几乎是家常便饭。出于一种对自主选择错误的畏惧和逃避心态,孩子常常会在犯错之后进行自我保护,这也是绝大多数孩子在犯错之后总会为自己的错误寻找各种借口开脱的原因。

1. 提醒孩子每个错误都要有人负责

自主选择过程中产生的所有错误都不是凭空出现的,错误的产生都有必然的原因,看电视而没有完成作业是自知力不足的表现,沉迷网络而不看书是贪玩的表现,因为选择而导致不良后果时，都要有人担负一定的责任。

孩子因为想要逃避受罚而常常为自己的错误找借口，不想承担错误导致的结果。因此，父母应当教育孩子不要害怕承担后果，因为每个错误都要有人为此负责，即便找到借口免受惩罚，但真相永远都是真相，怎样掩盖都无济于事。

父母应当提醒孩子，如果因选择失误而犯错，则应当诚实地承认自己的错误，并且及时找出犯错误的原因进行补救，尽最大的可能弥补小错误带来的后果。比如因为看电视而没有写作业，则应当制订计划，选择先写作业后看电视等。

相反，如果父母一味放任孩子为自己的错误找借口掩饰，就好像是一块"遮羞布"，表面看起来能够免除一时的惩罚，但是久而久之只会将问题扩大，最后可能会导致孩子犯下更大的错误。

如果孩子和同伴合作选择发生了错误，则父母应当鼓励孩子率先承担责任，并且总结自身的过失，将自己的那一部分责任担负起来。这样做能够更好地培养孩子的责任感，使孩子成长为一个更加有担当的人。

2. 教导孩子不要总说"不是我的错"

父母教育过程当中，常常会遇到这样的情况：孩子没有完成作业时，会说"这不是我的错，作业太难、太多了"；孩子弄脏了洁白的衬衣时，会说"这不是我的错，因为白色就是容易脏"。

孩子常常会将"这不是我的错"挂在嘴边，以此推卸责任，但真实的情况也许是：孩子因为看电视而没有完成作业；孩子执意穿白衬衣外出游玩而弄脏了衣服。孩子能够意识到是因为自己的选择错误而导致不良后果产生，因此便下意识说"这不是我的错"，这就是孩子逃避责任最突出的表现形式。

父母应当教育孩子，不要总将"不是我的错""不怪我"等话挂在嘴边，当犯错误之后，首先应当在自己的身上找找原因，如果是因自主选择而导致的错误，就应当勇于承认，逃避和找借口反而会使孩子失去他人的信任。

不仅如此，某些事情如果孩子越说"不怪我"，反而越会受到他人的怀疑。因此，父母应当引导孩子不要常说"不是我的错"，而应当反省自身，找到错误出现的原因，以此培养孩子的责任感。

3. 让孩子意识到承认错误才是勇者

孩子因为畏惧处罚，所以在面对自己的错误时才会找一些五花八门的借口去推卸自己的责任。想要让孩子真正产生责任感，父母的指导也必不可少，如果父母对于犯错的孩子采取打骂的措施，孩子自然会越来越害怕犯错，也就会更加不敢承认错误。

每个孩子的心中都藏着一个英雄，父母就可以利用这一点来鼓励孩子，勇于承认自己的错误，只有这样才能像自己心中的英雄一样，做一个真正的勇者。

父母要让孩子明白，人无完人，选择错误是人之常情，英雄的端正行事并不是指他们不会犯错，而是当英雄犯错之后，还有主动承认错误的勇气。只有承认自己的选择错误，并且对于已成的事实进行适当的补救，这样的人才是真正的英雄。

父母可以多给孩子准备一些英雄故事的图书，在给孩子讲英雄故事的过程当中，有意识地将这种精神插入对话当中，让孩子更加全面地向自己的英雄学习，成为一个能为自己的选择负责，有责任感的勇者。

不替孩子承担选择过失的后果

很多父母在教育孩子的方面总是"心太软"，当孩子选择失误后因为不忍心，而主动为孩子承担选择过失的后果。

父母都希望自己的孩子能够成为一个有担当、负责任的人，但一味替孩子承担选择过失的后果是绝对达不到效果的。

1. 让孩子为自己的选择买单

很多孩子都追求自主选择的权利，一旦父母阻碍自己的选择就会又吵又闹，那么在某些事情上，父母可以给孩子充分的自主选择权，相应地，要在给予权利的同时和孩子约定：自己承担选择的风险。

明明现在上小学三年级，每天晚上明明都会看电视看到很晚，这就导致作业做不完，隔日上课时经常打瞌睡，常常被老师批评。明明的父母每每被叫到班主任办公室，都会替明明承担后果，并对老师说："都是因为我们没有及时让孩子睡觉，是我允许他看电视的，都是我们家长的问题。"

看电视而不做作业、不睡觉都是明明自己的选择，如果明明能够控制自己看电视的时间，选择有节制地看电视，或者选择先写作业再看电视，那么就不会受到老师的批评。但明明的父母却将明明不做作业、上课打瞌睡的错误揽在了自己的身上，替明明承担了全部的过失，表面上看是在帮助明明免受老师的责罚，但实际上，明明意识不到自己选择的错误，意识不到自己应当承担的责任，久而久之只会促使他变成一个毫无责任感的人。

要知道，一个没有责任感的人是无法得到他人的信任和支持的，孩子无法养成责任感会影响未来的事业发展与人际关系。

所以，明明父母的处理方式是不可行的。如果孩子拥有了自主选择的权利，却没有合理利用自己的权利，做出了错误的决定，此时父母绝不应该替孩子承当相应的后果，而是应该让孩子为自己的选择后果买单。

对于明明的父母而言，正确的做法应该是：让明明接受老师的批评与处罚，回到家之后让明明反思自己选择的失误，并且让他重新制订计划，重新审视看电视、做作业、睡觉三者之间的重要性，并且选择以何种顺序和进程协调这三件事情。

2. 不要为孩子的错误选择找借口

在前一个故事当中，明明的父母为了帮助明明逃避老师的惩罚，不停地在为明明的错误找借口。但实际上，这是明明自己选择错误，应当自己承担选择的结果，即使父母为孩子找一千一万个借口，也无法更正孩子的错误，甚至会让孩子不能理解自身错误的严重性，在下一次进行选择的时候，仍旧会错误选择，并且这十分不利于孩子责任感的培养。

因此，父母不应当再做这种"掩耳盗铃"的事情，不应再为孩子的错误选择找借口。如果孩子进行自主选择之后出现了错误，那么失误对他来说这样的错误也不全是坏事，因为错误能够使他更加清晰地认识到自己选择的失误，让他体会到选择错误的后果，给他一个警醒。

父母在孩子自主选择失误后，不应为孩子的失败找借口，而是应该帮助孩子认真地去分析错误，重新选择。在父母的头脑中始终要清醒地认识到：借口无法掩盖错误，谁的错误就应该让谁承担。

3. 不做孩子的避难所

孩子在成长过程中各种观念还未完全成型时，给予自主选择之后常常无法做出正确的选择。而每当孩子犯错时，都会先跑回家中躲到父母的身后，或者要求父母出面解决自己所犯下的错误。比如，明明选择了看电视而没有选择做作业，受到了老师的批评，首先向自己的父母抱怨，而明明的父母出面向老师道歉，试图掩盖明明的错误，担当明明的避难所。

这样做，明明也许会逃过老师的惩罚，但是却无法养成责任感，仿佛做错决定的人不是他自己。虽然这样做孩子能够暂避一时，但是绝对不可能一辈子都停留在父母的避难所之下，一旦再犯错误却没有了父母的庇护,往往孩子无法承受自主选择的后果。

所以,在孩子自主选择错误之后,父母的头脑中首先绝不要产生"庇护孩子"的念头,更不要一上来就否定孩子的过失,说"这不是我孩子的问题"。而是应当将自主选择的这个责任归还给孩子,让孩子自己找一找错误的地方在哪里,为什么自己会做出错误的选择,并且在孩子选择失误之后,鼓励孩子自己主动去承担选择失误所带来的后果。

4. 用自然惩罚让孩子学会反省

著名的法国教育学家卢梭曾经说过:"孩子受到的惩罚,只应是他自身过失所带来的自然后果。"同时,卢梭也提出了著名的"自然惩罚法则",他认为,要让孩子在"自作自受"的过程中体验惩罚。

自主选择权是孩子应得的权利，既然孩子对于某些事情进行了自主选择，那么就有义务承担其选择的后果。父母在平时也可以适当地对孩子的错误采取一些自然惩罚。

比如，明明的父母给予他自主选择权，明明选择沉迷看电视而没有及时完成老师布置的作业，父母可以故意不去提醒明明需要按时完成作业，而是在某天放任他看电视，耽误功课，让明明在第二天接受老师的惩罚。这样做将会使明明牢记完成作业的重要性。

自然惩罚会让孩子以一种最为直接的方式，切实体会到自己选择的错误所带来的后果，这样的惩罚和教训会在孩子的头脑中留下深刻的印象。所以，父母完全可以制造自然惩罚，让孩子承担选择的风险。

简言之，当父母发现孩子选择有误时，首先不要对他进行过多的指责，如果孩子犯下的不是重大的错误，那么父母可以先从引导孩子自我反省，并且自觉地弥补自己的过失。但如果孩子犯的错误性质较为严重，比如偷盗等，此时，父母则应当在他犯错的最初，对他进行严厉的批评和管教，以防孩子越陷越深，最后无法挽回。

允许申辩，给孩子解释的权利

虽然父母要做到让孩子为自己的选择负责，但是这并不代表当孩子失败时剥夺孩子申辩的机会，父母应当给予孩子为自己解释的权利，耐心听一听孩子说的话，分辨失败究竟是否的确全部由孩子自身的失误导致。

1. 耐心听孩子解释

在上文中已经提到,很多孩子会否认自己选择的错误,一部分时候是因为孩子想要逃避惩罚,而另一部分时候是因为孩子的确有所委屈,想要与父母申辩,如果此时父母制止孩子,并且剥夺孩子为自己辩解的权利,孩子只会对父母失去信任,产生不安全感。

所以,当孩子面对失败时,父母不应急于吼叫或者埋怨孩子,而是应当给孩子解释的机会,听听孩子的理由和心声。

2. 绝不嘲讽孩子的解释

孩子看待问题的角度与成年人有着很大的不同,孩子们所重视的事情与成人自然也不相同。当孩子自主选择错误之后,想要为自己辩解时,父母除了要耐心听孩子的话,还要做到尊重孩子的话,绝不嘲讽孩子的解释。

例如，同样以孩子弄脏衣服为例，孩子在黑衬衣和白衬衣之间选择了白衬衣，却在游玩的过程中不慎将衣服弄脏。当父母问及孩子为什么要选择穿白色衬衣出门时，孩子答道："因为白色衬衣和鞋子很搭。"此时，父母千万不要因为孩子略显幼稚的回答而嘲笑孩子，绝不要说"你看我跟你说什么""让你不听我的话"之类的话。

父母应当尊重孩子的话，如果孩子当初做决定的时候有自己的想法，那么父母应当尊重孩子的想法，并且为孩子解释怎样做决定才是正确的。

3. 和孩子站在平等角度探讨

当面对孩子的错误选择时，很多父母会站在"过来人"的角度，以俯视的姿态与孩子交谈，一旦父母有了教育的心态，那么语气、语调中难免会透露出一些强势，此时敏感的孩子会很快察觉到父母的高姿态，从而产生敌对心理，并且以更加强势的方式反驳自己的父母，如此一来，亲子之间的沟通便会很难进行下去。

无论当孩子做出怎样的决定，犯下怎样的错误，父母在与孩子探讨问题时，都应当降低自己的姿态，不要有命令、教导孩子的心理，而应当给予孩子极大的反省机会，与孩子站在平等的角度探讨问题，这样，孩子才能够用父母对待他的方式去对待父母。

父母应保证和孩子站在同一个平面探讨问题，真正发自内心地去思考他做出决定的原因，从他的辩解当中了解其价值观与选择观。

直接鼓励：让孩子充满正能量

人无论做什么事，都渴望得到别人的肯定和认可，这是人最本质的需要。鼓励则是肯定和认可的另一种表达形式。而对于孩子的生活和学习，则更是如此。

爱和理解是对孩子最强大的鼓励

现代生活节奏越来越快,生活压力也越来越大。都市生活不仅对于大人来说"压力山大",而且对于孩子来说更是"承受了这个年龄不该有的压力"。如今的孩子更加需要爱和理解。总有人认为今天的孩子比过去要幸福。其实,在物质生活条件极大改善的今天,竞争也越来越激烈化、低龄化了,孩子承受的社会压力在增加,自然的天性快乐却越来越少!

物质生活的现代化,对孩子不一定都是有益的。有时候,所谓的现代化中越来越多的人为因素,正在使人远离自然界的生物链,并造成人们在生理上与心理上的缺失。

表达爱的鼓励

孩子的心灵十分敏感,当无法感受到来源于父母的爱意时,孩子常常会感到失落、不安。因此,父母要学会直接向孩子表达自己爱的鼓励,让孩子知道"爸爸妈妈是爱我的"。

1. 常常对孩子说"我爱你"

爱,不仅需要时间来培养和积累,更需要用行动来表达。

每个人都喜欢听"我爱你",虽然只是短短的3个字,但威力却是无穷的,爱让人充满勇气和希望。

孩子难以揣摩大人的意愿,如果父母总是"爱你在心口难开",那么孩子无法真正理解父母。想要让孩子明白父母对他的爱,最好、最快、最直接的方式就是大声说出来。

2. 让拥抱传递爱意

记得要随时张开双臂,全心全意地将孩子抱在怀里。要知道,拥抱是在给孩子安全感,是通过和爸爸妈妈的身体接触来获得一种亲密的感受。拥抱之间交流的不仅仅是体温,更重要的是无形的情感交流。

3. 用微笑鼓励孩子

和孩子亲密接触的时候,单是甜蜜的微笑就能让孩子感到快乐。可以说,父母的微笑是孩子养成坚强的性格的强大源泉。

当孩子开始学习面对挑战时,爸爸妈妈记得要用"微笑"鼓励他勇敢地迈出第一步。摔疼了,就给他安抚和呵护,跌倒了,就鼓励他自己站起来,或者帮助他站起来。

4. 抚摸是种无声的示爱

用温暖的大手摸摸孩子的小脑袋,这是带点溺爱意味的行为,通常这种单纯的肢体行动会伴随着语言一起出现,比如爸爸可以抚摸着孩子的脑袋说:"好,做得好!"

当孩子情绪沮丧的时候,摸摸他的头还带有一种"无声胜有声"的安慰意义,孩子肯定能真切地感受到。

5. 用亲吻安抚孩子

亲吻是接纳对方的一种表示，也是爱的表达方式之一。比如亲吻一下额头、脸颊、脖子甚至是孩子的小肚皮，或者入睡前来个晚安吻，可以安抚孩子的情绪，也能让亲子关系更加融洽。

6. 用掌声鼓舞孩子

鼓掌是正向的肢体语言，当孩子表现良好的时候，适时地给予掌声并配合称赞的话语，比如"进步真快呀""做得太棒了"等，这样对孩子的激励会更大，孩子能感觉到更多的认同和自豪感。同时，父母鼓掌的行为还可以教导孩子，告诉他要懂得适时地去鼓励别人。

7. 和孩子一起玩耍

和孩子一起玩耍，也是鼓励的一种方式，不过要玩什么才好呢？当然最好是益智型的玩具啦，在游戏的同时还能开发孩子大脑潜能，其实也可以利用日常用品来做玩具，比如扣子、饮料瓶盖子等，既可以教孩子来学习数学，又可以学习分类的概念。

理解孩子是最大的鼓励

孩子的小脑袋里藏着一个光怪陆离的世界，孩子的思维方式也与成人大不相同，更多时候，孩子需要的是来自父母的肯定，可以说理解孩子是对他最大的鼓励。

1. 倾听孩子的话

当孩子和父母说话的时候，父母千万不要认为他是小孩，就可以心有旁骛地做着其他事情。要知道，这是不重视孩子的表现，很容易让孩子产生不被尊重的感觉。

父母应当专心倾听孩子所说的话。只有孩子感觉到父母愿意听自己说话，他才会更有兴趣地说下去。

倾听孩子的话，父母可以从孩子的言谈中了解到他最近在想什么、喜欢或讨厌什么、碰到了什么好玩的或烦恼的事情等，虽然也许很琐碎，但这表示孩子愿意分享他的生活，愿意倾诉自己的苦恼。

2. 进行亲子对话

孩子还小，亲子对话的时间太长也不能全部理解，而且孩子注意力集中的时间短，所以亲子对话的时间不要太长，5分钟就足够。

重要的是把握好亲子对话的时机，在孩子愿意和父母交谈的时候再开始谈，而且在谈话的时候父母要全身心地投入。

当孩子还小的时候，父母就是他的全部，自然会叽叽喳喳分享他的一切，等孩子长大成人，有了自己的生活圈之后，便不再依附于父母，如果那时父母还希望能和孩子保持儿时的亲密关系，就请从现在开始养成良好的亲子对话的习惯吧。

3. 给孩子自主选择权

孩子已经是个小大人了，凡事都有自己的想法和意见，父母不妨在一些小事情上让孩子来做一次主，比如玩什么玩具、听什么音乐、穿什么鞋子、如何处理学校中的事情等，在这个过程中，让孩子自己去判断、去决定一些事情，并且从中获得成就感。

4. 与孩子换位思考

父母要尝试着从孩子的心理角度出发，去思考和解决问题，尽量多揣摩一下孩子心里是怎么想的：他为什么会怕黑？为什么会和别的小朋友打架？

然后与孩子换位思考，站在孩子的角度反思自己：自己小时候有没有怕过黑？自己小时候是不是也经常和其他的小朋友打架？

父母很多看似无法理解的问题，只要站到孩子的角度去看一下就能够明白孩子心里原本的想法。当父母站在孩子的角度了解了事情的缘由之后，再加以耐心的引导，想要解决孩子的问题就不再困难了。

5. 做孩子温暖的避风港

父母要做一处温暖的避风港，让孩子在受伤时有一个疗伤的地方。父母要让孩子知道，只要他需要，父母随时都会在他身边。这样孩子才会有勇气去尝试新的事物。

不要认为孩子还小，不懂得什么是失败和挫折，要知道他也会有负面的情绪，爸爸妈妈要当好他的听众，容纳下他所有的埋怨和牢骚，对于他生气、不开心的原因，既不要责怪也不要取笑。孩子的情绪一般来得快去得也快，等他情绪平静下来之后，就没什么大问题了。

通过鼓励，做孩子学习上的引导者

对于学生的学习而言，智力因素和非智力因素常常给孩子的学习带来各种迷茫、困惑和障碍，使孩子对学习产生畏难和退却心理，失去兴趣，失去信心，甚至放弃学习。

父母要想从根本上解决这些问题，最有效的方法就是在交流、对话、沟通的过程中艺术地、智慧地给孩子以鼓励。

作为孩子学习的引导者，父母不仅要学会鼓励，而且要敢于鼓励、勇于鼓励、善于鼓励，把鼓励对孩子学习的积极作用发挥到极致，并使有效的鼓励成为孩子学习过程中的一种常态。

把握鼓励的时机和方式

在学习过程中，给孩子鼓励并不难，但也并不是任何时候鼓励孩子都有效。父母要想鼓励对孩子的学习收到最好的、最大的效果，则必须讲究鼓励的时机、鼓励的方法，把握鼓励的智慧。

在学习中，把握鼓励孩子的时机主要体现在两个方面：

1. 当孩子感到迷茫无措的时候

当孩子对人生感到迷茫、产生困惑、找不到前进的方向，从而引起对学习缺乏兴趣、缺乏热情，没有信心，甚至放弃学习时，父母及时的、真诚的、实在的、充满关爱的鼓励常常能使孩子心里觉醒、回归灵性。同时，父母的鼓励能够引发孩子学习的激情，增强孩子的自信，为孩子的学习增添动力、注入能量、产生顿悟，指引孩子认准方向，并且怀着希望朝着目标一路前进，最终拥抱梦想。

此时，鼓励对于父母自身来说是一种爱与责任，鼓励更多的是表达对孩子的欣赏。对于孩子来说，能够真切地感受到父母的鼓励，是一种关爱更是一种尊重。

2. 当孩子遇到困难的时候

孩子必须真正参与到学习实践活动中，通过参与活动发现问题、理解知识，并且掌握解决问题的方法，产生感悟，学会灵活运用。但是，在孩子的学习、探索过程当中，难免会有遇到困难的时候。

在学习开始和在学习中遇到困难时，父母不仅要充分鼓励孩子积极主动地参与到活动中，而且还要鼓励孩子认真细致地观察，独立自主地思考，大胆准确地表述，积极友善地讨论，勇敢无畏地争辩，严谨科学地探究。此外，父母还应鼓励孩子敢于质疑、学会分享、深刻反思。

同时，父母应当把信息、方法、技巧的引导、诱导智慧地寓于鼓励之中，既要让孩子在鼓励中增强参与活动的兴趣和信心，在鼓励中领悟和掌握正确的活动方法，养成自愿参与、主动参与、积极参与、敢于参与、善于参与的品质和能力,又要让孩子在鼓励中受到启发,参与的智慧得到开发和发展。

不仅如此,父母的鼓励还应讲究艺术,富有情感,充满人性的尊重。在鼓励时要避其短扬其长,在肯定、表扬、分享、欣赏中给予鼓励。父母要用"显微镜"在孩子的失败中寻找鼓励的元素,切忌在否定、讥讽、放大短处中进行得不偿失式的鼓励。

父母鼓励孩子的方式要多样化,尽量不要采用一种枯燥僵死的方式进行鼓励,手势、点头、微笑、注视及肢体语言等都可因需要而用,当用语言进行鼓励时,语言要充满情感,具有人文情怀,使鼓励既能满足孩子的心理需求和尊严,又能产生欣慰的愉快心理,从鼓励中增强自信心、上进心,从鼓励中获得学习的原动力和正能量。

鼓励孩子学习的技巧

父母有责任鼓励和引导孩子的学习欲,教给他们行为准则和有益的东西。因此,父母利用一些技巧帮助自己把这项工作干得更好就显得非常重要。

(1)父母要教会孩子做事有条理性。父母可以帮助孩子制定时间表,使孩子知道节省时间的方法,让孩子养成做事有次序、认真按时的良好习惯,这一点是很重要的。

(2)在孩子做作业时,要把电视关掉,不要有过多的干扰,以免分散孩子的注意力。同时父母也不要站在孩子身后指手画脚,这样会使孩子养成不动脑的毛病。但是,这不意味着父母要禁止孩子看电视,在孩子的业余时间,父母完全可以让孩子看看卡通、儿童节目等，并且将电视节目作为一种学习、教育的工具。

（3）做作业时要让孩子注意力集中，鼓励孩子每次先做完一门功课，然后再做另一门功课；先处理简单的问题，再处理困难的问题。当孩子遇到难题时，父母可以让孩子暂时放下，先做其他题目，然后再做这道较难的题目。孩子还不会时，父母再给予辅导、讲解。当孩子精神状态比较好的时候，父母再建议他先做一些比较难的题目。

（4）在孩子还没有太疲劳时，父母可以让孩子短时间地休息5至10分钟，或者以给孩子少量的点心、去户外散步等方式，使他头脑清醒，有助于进行新的学习。

（5）经常问问孩子在学校学些什么，老师是如何教的，让孩子回忆并用语言表达出来，一方面可以增进孩子与父母之间的交流，另一方面也可以加深孩子的记忆。

（6）多表扬孩子的成功，而不要经常斥责他的失败，在孩子的作业或成绩单上寻找进步的地方，不要总盯着分数较低的功课，更重要的是激发孩子学习的积极性。帮助孩子制定努力目标，但这个目标必须是切实可行的。

（7）制定适当的目标，注意避免制定不明确的或是超出孩子能力范围的目标。绝不要追求完美，那只会让孩子和你都遭受挫折。孩子每天取得的点滴成绩和进步都应记在心里，不要只看到孩子的缺点，努力观察并赞许孩子每一点微小的积极举动或是进步。同样，目标过低，不忍心让孩子接受挑战，也会让孩子感到无聊乏味。

鼓励孩子的常用语

语言最能够直接表达情感，父母常常用鼓励式的言语跟孩子沟通，必定能够达到激励孩子的目的。长此以往，孩子的自信心与自尊心不断加强，成长也会愈加明显。父母在使用鼓励的话语时可以举一反三，用不同类型的常用语激励自己的孩子。

下面提供一些常用的鼓励用语供父母们参考：

1. 表示接纳的语句

"我很高兴看到你学踢足球时开心的模样。"

"你看起来很喜欢画画。"

"能不能告诉妈妈/爸爸，你的零用钱是怎么安排的呢？"

"你能告诉妈妈/爸爸这么做的理由是什么吗？我们可以一起讨论。"

2. 鼓励孩子评价自己的表现

"你觉得自己对考试的结果满意吗？有没有能够提升的地方呢？"

"你觉得最近学小提琴的进步如何？"

"你也觉得自己做得不对是吗？那么你认为自己错在哪里呢？"

"你觉得自己的画从色彩、线条方面来讲怎么样？"

3. 表示对孩子有信心的语句

"虽然这道题很难，但是我相信你一定可以把这道题做出来。"

"我对你的判断有信心，你一定可以做出正确的选择。"

"考试题虽然很难，但是你考得很好，之前常犯的错误也都没有出现，值得表扬。"

"我知道你一定会想出方法解决这个问题，我对你很有信心。"

4. 表达注重孩子努力和进步的语句

"你解题的速度真的快了很多，太棒了！"

"我能了解到你付出的努力，也看到了你的进步。"

"这一次考试比上一次考试进步了10分！你的努力收到了回报！"

"这次也许分数上没有进步许多，但我知道你已经尽了力。"

5. 强调孩子长处、贡献和感激的语句

"谢谢你帮妈妈/爸爸分担了这么多家务。"

"你画的画实在是太好看了，你在这方面很有潜力啊！"

"谢谢你帮妈妈/爸爸处理这件事，如果没有你的帮助我肯定手忙脚乱。"

"你这篇作文的内容很有新意，体现了你的创意思维。"

值得注意的是，在父母使用鼓励用语时，要避免一些使鼓励打折扣的话，比如"你看，你只要用心就能做得好""努力就有好收获，现在你知道失败的原因了吧"。

或者是在鼓励之后画蛇添足地加上令人气馁的话，像："你终于进步了，如果多努点力，你会进步得更多！""你这个题目做得很好，要是别的题也都这样就好了！""你球打得不错，要

是读书也能这样就好了。"这些附加的评语暗示了父母完美的期望，反而使得原先的鼓励失去意义，犹如给了孩子鼓励后又收回来，令人泄气，为人父母者不得不谨慎！

不仅如此，父母在评论孩子的努力时一定要很谨慎，尽量避免用成年人的价值判断去看他的成果，要把握"帮助孩子相信自己"的原则。

当然鼓励除了口头上的用语，父母也可以使用肢体语言鼓励孩子，如肯定的注视、微笑、点头、拍拍孩子的肩膀、摸摸头等。

关于鼓励的误区

表扬和奖励的适度运用能够激发孩子积极向上的情绪和愿望，适当的奖励有利于良好个性和优秀品质的形成，也有助于孩子能力的发展、知识的积累和审美情趣的培养。但是，不少父母运用表扬和奖励的时候存在一些误区。

"表扬"和"鼓励"不能混为一谈

进步是"鼓励"而非"奖励"出来的

"表扬"和"鼓励"不能混为一谈

有很多人说"好孩子的是夸出来的"，也有很多人说"孩子越表扬越自信"，其实表扬越多，孩子的问题越大。其原因是什么呢？

虽然"表扬"和"鼓励"二者的目的都是激励人积极向上不

断前进的精神动力，但实际上却有着不同的内涵。大家常常会把"表扬"和"鼓励"混为一谈。

表扬关注的是结果，鼓励关注的是过程，父母在教育孩子的时候，往往表扬孩子的结果，而忽略了鼓励孩子过程中的努力，造成很多不好的后果。主要表现为以下两个方面：

1. 带有目的性的表扬

很多父母对孩子的表扬，其实根本不是表扬，其表扬带有某种目的，更像是一种赤裸裸的交换。

孩子最讨厌父母的这种虚伪的鼓励，因为父母的表扬总是带有一定目的性，并不是发自内心的赞美与欣赏，久而久之，孩子会误以为父母并不爱自己。

这样的表扬多了，父母在孩子心目中没有了威信，父母没有威信，孩子就不再在乎父母说的话，甚至会气愤地跟父母说："你别虚伪地表扬我了，想让我做什么就直接说。"这就是虚伪表扬带来的危害。

2. 对孩子人品、人格的表扬

很多父母表扬孩子的人品、人格，殊不知这样的表扬会对孩子造成莫大的伤害。比如父母对孩子说"你真棒""你真聪明""你是天下最好的孩子"诸如此类的表扬，这类的表扬多了，后果有两个：

（1）如果孩子不觉得自己好，父母这样表扬他，他会觉得父母虚伪，从而和父母产生对抗："我哪有那么棒？"

（2）如果孩子接受了父母这样的表扬，他会关注自己棒不棒，自己聪明不聪明，从而增加了自己的虚荣心。同时，当他觉得自己不棒、不聪明的时候，就会选择逃避或者心里产生很大的压力，造成想赢怕输的心态。

如果一个孩子有很强的想赢怕输的心态，就很难取得大的成绩或成就，孩子想赢怕输的心态越大，这个孩子越没有平常心，这样的心态对孩子成长和成功非常不利。因为想赢，所以孩子会急功近利（不择手段）或者产生压力焦虑（抗压抗挫折能力差），发现赢不了，就放弃（逃避和找理由），这都是表扬惹的祸。

由此可见，在家庭教育当中，父母对孩子应当少表扬多鼓励。父母应当关注孩子做事情的过程，指出过程中做得好的地方，不应该只关注孩子做事情的结果。

很多父母学习家庭教育，学的是技巧和方法，把鼓励的模式学好，回家就用在孩子身上，孩子仍然不领情，为什么？因为父母嘴上在鼓励，心里其实并不认同孩子，这又是一种虚伪。

因此，学会鼓励的前提就是"心里欣赏孩子"，需要父母内心真的对孩子所做的行为认同和欣赏。

进步是"鼓励"而非"奖励"出来的

对于孩子的学习，父母最头疼的问题就是如何更好地激发孩子的兴趣，并且让孩子保持极大的热情。而生活中，通常很多父母习惯用奖励的方式来鼓励孩子。但奖励这种方式只是激发孩子学习动力的一种手段而已，父母不能滥用或完全依赖它，在使用时要慎之又慎。

父母在奖励孩子时，应该注意奖励孩子的投入，而不是奖励孩子学习之后的成果。

追根溯源,学习应该是孩子自身的事,只有在更好地激发孩子内在的学习动力,即"为了学习而学习"的情况下,孩子才能真正重视并享受学习的过程。

1. 与其物质奖励,不如精神鼓励

心理学家布鲁纳认为,儿童天生具有强烈的好奇心,对一切新奇的事物都有浓厚的兴趣,他们能从学习本身获取快乐。这个过程的动力,来自内在的求知欲望而非外在的物质奖励。

事实上,更多时候,孩子在做一件事情之前,内心没有恐惧和担忧,只有"很好玩,我要去尝试"的念头。而过多的外在激励反而会导致孩子的认知失衡,他的注意力会由内在吸引转向外在吸引。

所以,在孩子年幼时,父母与其用物质奖励鼓励孩子,倒不如用一些精神奖励,鼓励孩子多去尝试,带领孩子多去观察,给孩子多一些耐心,在孩子遇到困难时多一些陪伴。

如果父母一定要用物质奖励,那么最好选择适当的替代品,比如小红旗、小红花等,其激励效果同样非常明显。

2. 扬长避短,用激励的话语肯定孩子的进步

每个人的身上既有优点也有缺点,既有长处也有短板。如何看待和激发个人的优缺点呢?

虽然人们普遍关注的是自身和对方的短板,但是对于孩子来说,父母应当更多地发掘孩子身上的闪光点和潜能,根据自家孩子的特点进行培养,以期帮孩子更好地扬长避短,多鼓励孩子与自身做纵向比较,而不要总拿别人家的孩子与自家孩子做横向对比。同时，父母应时刻关注孩子的进步，并且真诚地肯定孩子的进步。

父母平时不妨多为孩子提供一些学习机会，并不断交给他们一些力所能及的具体任务，让孩子能够有机会充分地展示自己，肯定自己的能力，并相信自己的能力。对孩子的行为中哪怕一点儿细小的进步也要对孩子说："你每天都有进步。"

"你每天都有进步"，这句话对成长中的孩子来说，尤其对看起来没什么进步的顽童来说，是一种积极的鞭策。

孩子受到什么样的对待，就会变成什么样的人。一旦受到的是能唤起孩子积极情绪的鞭策语言，孩子感到的是一种宽容和推助，就会出现意想不到的进步。所以，要想改变孩子，父母就应当按自己的愿望时时给予孩子适当的鼓励。

不压抑情绪，鼓励孩子合理释放情绪

人在成长过程中要经历许多迷惘与困惑，孩提时代的迷惘与困惑，需要有人为他们解疑释惑，需要有人帮助他们拉直心中的问号。而这些能帮助他们的人，除了以"传道、授业、解惑"为己任的老师外，就是父母。

鼓励孩子"说出你的感受"

在日常生活当中,绝大部分父母非常能够接受孩子好的情绪。比如孩子顺从、开心、认真的时候,父母也会随着孩子的情绪变得心情愉悦。

但是,当孩子不能够很好地表达自己对一些事情的诉求和意愿,而是用带有负面情绪的部分来呈现的时候,绝大部分父母在这个时候就没有办法做到所谓的平和。

常常听到有的父母说"有话好好说啊""你好好表达啊""你不要哭了"诸如此类的话。通过这些语言就能够看出,父母认为孩子应该用合理的或者应该的方式来表达自己的情绪。但是有多少父母真正想过,对孩子来讲,他怎么能够那么淡定或者理性地来把自己的情绪表达出来?其实这才是真正的问题。

当然,孩子的情绪的成熟一定是一个过程。在孩子0至6岁的这个阶段,孩子更多的是以需要为导向,比如"我想吃个苹果,我吃不到了我就生气了""我想跟妈妈玩,妈妈没时间陪我我就生气了"。孩子是非常直接的和真实的,如果父母没有能够达成孩子的需求,那么孩子就可能开始用哭闹的方式表达情绪,呈现诉求和意愿得不到满足的状态。

随着年龄的越来越大，孩子更多地能跟父母交流和沟通，通过孩子的表现就会发现，情绪更多的是个人的感受层面的东西。

比如孩子觉得沮丧、被冷落、有点失落，那么他能够感受到自己的情绪，并且沉浸在其中。孩子不一定能够表达得很清楚，但是父母能够通过孩子情绪的外在化，也就是孩子的行为模式和语言模式看出孩子的内心是有情绪的。

感受要说出来——表达情绪的原因

如果同时问父母和孩子"你的感受是什么呢""此刻你感受到了什么""说说你的感受"等关于感受的问题，则会发现甚至很多父母自己都不会表达自己的感受：要么说不出来，要么以叙述事情经过取而代之，即使是表述感受，也难达到深入透彻的程度。那么为什么不仅要注重感受，而且要注重感受的表达呢？

父母自身学会关照好自己的感受，有利于了解自己，更有能力帮助孩子、疏导孩子。父母关注自己的感受，在感受中觉察自己真正的需求，觉察自己产生情绪的真实原因。

在父母管理感受的同时，还需要鼓励孩子表达感受。其大致原因能够总结为以下几点：

1. 感受比思维更真实

感受是非语言性的，是潜意识层面的东西。

有研究表明，人类的活动大约有95%是处于潜意识层面的活动，潜意识是人类基因中潜藏的一种巨大的能量。

人的潜意识活动更接近于客观事物，更真实可靠，直抵人的内心，潜意识所反映的思维更真实、更可信。因此，引导孩子表达自己的感受，往往要比思维更加真实。

2. 更加能够剖析孩子的行为

相同的感受、相同的内心需求，可能会通过很多种行为方式表达，而感受却只有一个。

比如孩子上课时被老师批评后感到委屈，可是在行为上，每个孩子的表现都有所不同。有的孩子可能在行为上表现为不想上学了；有的孩子可能在行为上表现为对这一科目不感兴趣，成绩下降；有的孩子可能在行为上表现为与老师对抗；有的孩子可能在行为上表现为发奋图强，把这一科目学习得更好。

再如小孩子见到陌生人感到害怕，孩子的感受是恐惧，但是在行为表现上每个孩子又大不相同。有的孩子行为上可能会表现为大声哭闹；有的孩子行为上可能会表现为躲在妈妈的背后不敢出来；有的孩子行为上可能会直接告诉妈妈自己很害怕；有的孩子行为上可能会握紧拳头或拿来玩具手枪准备还击。

通过了解孩子的内心感受，父母会更容易找到孩子行为背后最真实的原因。

3. 激发孩子灵感，提高学习能力

孩子对于文化知识的理解，一方面取决于客观上的努力、时间精力的投入程度，另一方面也取决于孩子对于知识的理解和消化能力。

人们常说的这孩子很机灵，一点就透，就是这个意思。一般来说，孩子感性方面得到发展，就会更有灵感。

有时候孩子会说："我也不知道是为什么，我合计这道题就应该是那么回事。"有时候，我们可能更多地关注理性教育而忽视了感性培养。认知觉察感受，是开发感性的第一步。

4. 建立感情连接，增进亲子关系

父母注意关注孩子的感受，并懂得关照好孩子每一个当下的感受，也就相当于和孩子建立起了很好的共情关系。

孩子的内心会感受到自己是被关注的、被理解的、被关爱的、被重视的。

孩子的这种感受有利于父母走进孩子的内心世界，和孩子建立起情感的连接，从而增进亲子关系，提高亲子关系的质量。

父母处理孩子情绪的三种类型

不同的父母处理孩子的情绪时会有不同的表现，不同表现的父母带给孩子的感受也是不同的。

举一个简单的例子，有一个小朋友在拼乐高玩具，其中有一个地方怎么也拼不好，反而把自己气搞得很生气。他的妈妈看到了孩子产生生气的负面情绪，赶紧走过来先温柔地说："怎么了儿子？"接着就很认真地给孩子讲，他哪个地方做得不对，哪个地方应该怎么做。

妈妈温柔有条理地给孩子帮助，本应该得到孩子的理解和感动才对。儿子却气呼呼地甩话出来："我不用你帮忙！"

这位妈妈的这种处理方式已经很尊重孩子,也够温柔,而且还条理清晰地及时给予儿子帮助。可为什么却受到孩子的排斥呢?

试想一下成人在有情绪的时候,也无法心平气和地接受其他人给予的建议。孩子的心智原本就不成熟,自然无法听进大人的说教。

一般情况下,当孩子出现情绪时,父母处理孩子的情绪能够大致分为三种类型。

1. 说教型

说教型父母,看似够温柔,够条理。可是情绪本身就是个不讲道理的东西。当父母针对是什么、应该怎么样进行说教时,说得越多反而引起孩子排斥的情绪越强。

请无条件地允许孩子先把自己情绪发泄出来,让他拥有发泄情绪、平复情绪、管理情绪的过程。站在他的角度先对他的挫败感表示理解，再观察孩子的需求并给予帮助。

2. 暴躁型

暴躁型父母一旦看到孩子的情绪，首先便会无法抑制自己的情绪，甚至自己比孩子的火还要大。暴躁型父母试图把一切都归结到孩子的无能身上，但实际上，压不住孩子的情绪就是父母的失败。

孩子对暴躁型的父母只会敬而远之，暴躁型父母的处理方式甚至会造就孩子越来越胆小怕事、懦弱内向的性格。

3. 讨好型

讨好型父母看到孩子面对一点心中的不如意，就开始往自己身上揽责任，责怪自己提前没有教到，为表达歉意，用丰厚的物质条件来安抚孩子的小情绪。

这种方式，要么让孩子尝到发脾气可以获得物质奖励的甜处，抓住父母的心理，什么事动不动就用发脾气解决；要么让孩子越来越自负，不肯承担责任，凡事先想着找借口。

教会孩子表达感受的步骤

当孩子的情绪来时，父母给予他一个理解的拥抱，可以帮助孩子平复心情。倾听孩子的话语，允许他先把心中的情绪发泄出来，能够更加贴近孩子的内心世界。在与孩子相处的过程中，父母应当多做换位思考，以同理心让孩子感受到父母的理解，然后再对事不对人地给出自己的建议。

关注孩子的感受，有这么多好处，那么，父母怎样帮助孩子关注自己的感受并能表达出来呢？

父母们可以尝试按照以下步骤：

第一步　了解感受的种类，以及表达相应感受的词语

第二步　日常生活中，父母要多觉察自己的感受

第三步　父母要多询问孩子的感受，并鼓励孩子表达

父母可以在日常生活中跟孩子做一些表达感受的小练习：

某天，孩子在跑步的过程中摔倒了。此时，父母可以问问孩子："跑步摔倒了，你有什么感受？"

如果孩子能够立刻回答出"我很疼""我摔倒了很难过"，那么说明孩子能够非常清楚地表达自己的感受。

如果孩子说不出来，父母就要教会孩子认识并表达此刻的感受。

父母可以适当引导孩子，并且对孩子说："你跑步摔倒了，擦破了皮，你感到很疼，你很难过，对吗？"

慢慢地，孩子就学会了认知并表达自己的感受了。

直面负面情绪

在日常生活中,孩子常常因达不到某种愿望,遇到无力处理的挫折或难以摆脱的困境而产生焦虑、忧愁、愤懑、羞耻和痛苦等情绪。

这种不良的情绪状态对孩子身心发展是不利的。它不但能使孩子还不健全的神经系统失调,甚至使大脑皮层细胞遭到破坏,使机体的正常功能发生紊乱,容易导致疾病,而且也能对机体活动产生抑制作用,削弱孩子的活动兴趣和能力。使他们变得厌烦、消沉,久而久之形成不良的性格特征。

在这种情况下,父母怎么办?当然是要对孩子进行安慰。通过安慰,使孩子平静、愉悦,从消极的苦恼情绪状态中摆脱出来。

父母应该学会运用心理沟通的方法,来调节他们的不良情绪。为孩子解忧不是等孩子忧愁了才去做,而是要先防患未然,未雨绸缪,做好预防,使孩子少产生困惑。

当然,再好的预防也不能杜绝,问题出现了一定要及时为孩子排忧解难,这样你才有可能成为一个好父母。

什么是情绪

心理学上的"情绪"指受外界的干扰而产生的心理活动。情绪具有情境性和暂时性、具有冲动性等明显的外部特征。

所以对一些期待孩子永远都是保持一个良好情绪状态的父母来说,情绪其实是一种能量。当感到愤怒时,当孩子的情绪产生时,对待情绪最好的办法不是要压抑它,而是要让它通过另外一种形式,散发出去。因为当这个情绪出去了之后,对孩子来讲,它就结束了。

孩子原本就是天真无邪、活在当下的,很有可能上一秒因为一口苦药生气,下一秒就因为一块糖果开心。

其实情绪对每个人来讲都是一种本能,它就在人们的身体里,和人终身相伴。状态再好的一个人,无论他是成人还是孩子,情绪都是他的一部分。

所以父母在和孩子交往中,不要试图去评判孩子该不该有情绪,而需要引导孩子如何合理地或者如何良好地表达自己的情绪,让对方知道自己的问题,并且告诉对方如何协助自己解决问题。这才是父母在情绪这个层面上用来帮孩子的方式,如此一来,孩子表达情绪的能力才能够随着年龄的增长而增强。

有的父母总会有这样的苦恼:虽然自己想做一个通情达理又对孩子有耐心的好家长,但是劳累了一天之后,身体疲惫不堪。此时,就希望孩子能够很好地配合自己。然而现实总是相反的,孩子扭扭捏捏不肯好好说话,稍有不如意就大喊大叫。

即使父母的理性会告诉自己"要耐心,要平和",但是孩子吵闹不停,父母的情绪也会逐渐爆发。最常见的结果就是,在孩子永无止境的吵闹下,父母生气大喊:"我都累了一天了!你还吵个没完!"

这也是两个人的情绪在对话的表现。一方面,孩子没有正确地表达自己的情绪,用了让我们不能接受的哼唧甚至歇斯底里的方式;而另一方面,父母也并没有很好地来处理自己的情绪。

每个人的负面情绪都是需要看到的,并不是说负面情绪是绝对错误的,而是说父母应当能够尽力疏导自己和孩子之间的负面情绪,转换为更加理性的沟通。

什么是负面情绪

在心理学上,通常把焦虑、紧张、愤怒、沮丧、悲伤、痛苦等情绪统称为负面情绪。

大家都期待,每个人都能带一个好的情绪回到这个家庭里来。但是仔细想想的确是不太可能的。对于负面情绪,绝大部分人认为负面情绪是错误的,并且不愿意接受他人的负面情绪,甚至是面对最亲近的人。

但事实却是,人在一个放松、安全的环境中,才最容易将自己真实的情绪呈现出来,才最容易卸下自己的伪装。

特别是一些在情绪上没有觉察力的父母或者孩子,有的时候,负面情绪成了他们的一种本能,所以负面情绪往往容易在自己觉得安全的环境里,和最亲近的人的身上去发现和呈现出来。

但是很有意思的是,绝大部分人不喜欢别人对自己有情绪。不得不承认,情绪是会传染的。比如孩子因为一些小事而生气,在父母的面前大吵大闹,父母的负面情绪也十分容易被激化,变得有情绪。

由此可见,绝大多数时候人们没有办法平静地接受别人的负面情绪,父母与孩子之间也不例外。

负面情绪对孩子的意义

孩子虽然年龄不大,但也会有情绪,这是一个非常正常的表达。

因为孩子是非常真实的个体,所以,孩子在成长的过程中,特别是在接受我们大人暗示和影响较少的情况下,他的情绪的表达是非常直接的。

孩子可能不太会顾及环境,不去顾及情境,不去顾及父母是什么心情,他们最直接的就是表达:我生气了、我高兴了、我难过了。这个对他来讲是表达自己的一种方式。

也就是说，所有的孩子从生下来的那一刻，情绪就是伴随着他的，他任何时候在任何事件里或者任何情境下他有情绪出来，这都是正常的。

孩子不像大人，已经有了很多的意识，孩子不知道这个环境合不合适发脾气，能不能这么说。那么当父母了解负面情绪或者有情绪是孩子的一种表达自己的正常方式的时候，就知道自己要不要干预孩子，要不要压抑改组，要不要不允许孩子有这样的负面情绪。

举一个简单的例子，有一个小男孩，其父亲母亲都十分严格，这个孩子从小受到的家教就是"男孩子有泪不轻弹""男子汉就不许哭"，所以这个孩子始终遵循父母的命令，遇到任何委屈都强忍住眼泪。

一次，他无意之中受伤了，本来就十分伤心，但是因为谨记父母说的话，强忍住疼痛，既不敢哭又不愿意和任何人说自己受伤的事情，最后导致伤口恶化。此时，小男孩的父母才发觉长久的教育险些损害了孩子的健康。

父母不妨想一想，当孩子有疼痛、难受的时候，情绪没有办法正常流淌出来，是什么感觉？

例子中这个小男孩内在有一个被大人灌输的概念是：哭是不好的，这个世界不许你哭，爸妈不允许你哭。这个不允许后面还有一个更深的部分是：不允许你做自己，疼得要哭是不被允许的。实际上，这样一个信念的植入对孩子的影响是非常大的，极有可能影响孩子的一生。

如何帮助孩子减少负面情绪造成的影响

无论哪一种负面情绪，在回忆当时事情发生的情景时，只要有关的记忆片段浮现，相应的情绪和情感就会出现，这就是情绪记忆。

情绪是与生俱来的，每个人都会受到情绪的困扰，孩子也不例外。

父母了解孩子所遭遇到的困难与压力，有针对性地帮助孩子去面对。如果是社交的问题，可以指导孩子社交技巧及引导其多参加一些社交活动；如果是学习压力的问题，想办法帮孩子减压，提高孩子做作业的效率，多留一些自由玩耍的时间；如果是学习困难的问题，应了解具体的困难，并想办法帮助孩子提升学习技巧，鼓舞孩子慢慢去克服；如果是受莫名低落情绪的困扰，应在生活中注意培养孩子乐观阳光的心态。

情绪无所谓好坏都要坦然地接受，并寻求合理的方式去宣泄调整。对于情绪的处理如果得当，那么情绪低谷对于孩子来说就是最佳的成长契机。

怎样对待孩子的负面情绪

心理学的相关研究表明，情绪记忆往往比其他的记忆更深刻和更牢固，有些事情或许已经淡忘，但是当时的情感依然留在记忆中。这就是为什么带有情绪的记忆总是挥之不去、难以忘怀。

孩子也会有负面情绪，如果孩子从小就保留着这样的情绪记忆，则十分不利于孩子心理健康成长。父母应当如何帮助孩子减少负面情绪记忆对孩子造成的影响呢？

1. 识别情绪和表达情绪

人类的情绪各种各样，除了喜、怒、哀、乐几种简单的词语外，还有很多未知、复杂的情绪。父母可以通过不同的方式，教给孩子更多表达感情的词语，让孩子认识到自己的情绪，并且能够正确地表达出来，例如可以通过查字典、情景演示、举例说明、借用书中故事等。

当情绪能够用语言表达出来时，孩子就不会用不当行为来表达了。

如果事件本身已经让孩子很受伤，则父母更应避免因为不认识情绪、不会表达情绪而造成二次伤害。

2. 正视自身情绪

父母应当让孩子正视自己的情绪，并且告诉孩子情绪并不是怪兽，无论此时此刻什么样的情绪扑面而来，都是正常的，不要因为是负面情绪就刻意隐瞒或掩盖。

如果孩子明明很生气，却要假装兴奋；明明很沮丧，却要假装自信；明明很受伤，却要假装平静。这样做都是不健康的，也不能解决根本问题,甚至会给心灵留下伤害。

3. 创造快乐记忆

既然情绪是有记忆的,那么作为父母应该用更多的爱、耐心和包容,尽可能在孩子童年多为孩子创造开心快乐的记忆,因为很多创伤性的记忆多发生在童年。

比如,一个小男孩不小心摔了一跤,膝盖破了,皮肉模糊,还流了很多血,孩子坐在地上疼得哇哇大哭。

此时孩子妈妈看到这一幕冲上前来,在人群中大声训斥孩子:"你怎么这么愚蠢,走个路还把自己摔成这样,笨死了,你是个男孩子哭什么哭,丢死人了……"

孩子此时害怕、无助、受伤、难过……可是孩子不会表达只会哭。

试想一下，这个孩子长大后回想起这一幕，究竟是想起自己摔破的伤口痛，还是想起妈妈咆哮的样子和训斥的言语更心痛？

如果孩子在外面受到了伤害，要和孩子一起面对，让孩子知道爸爸妈妈永远爱自己，永远是自己的坚强后盾。

一个内心力量强大的孩子一定有力量去克服和管理好那些负面情绪。

4. 培养与人相处的能力

父母在教孩子如何认识情绪、表达情绪的同时，还应当培养孩子与人相处的能力。孩子在上学的过程中，同学间总会由于这样那样的原因，发生一些矛盾、冲突，其原因是相互间缺乏心理的沟通，缺乏尊重与理解。

他们往往得到了别人的尊重，却不知道如何尊重别人，他们渴望得到别人的理解，却不懂得去理解别人，总是看到别人的问题，却不反思自己的毛病。

教育孩子对人要真诚、友善、助人。那么无论孩子的性格是内向还是外向，他都会赢得友谊。一个人没有良好的人际关系，就不可能愉悦地度过一生；一个学生没有良好的人际关系，就不可能拥有快乐的学生时代。

现在大多数孩子是独生子女，更要培养与人合作、与人相处的能力。如果孩子都以自我为中心，就没有办法与人相处，烦恼自然而然随之而来。

5. 合理释放负面情绪

认识情绪、表达情绪只是对待情绪的前提，当孩子的负面情绪萦绕心头无法排遣的时候，父母还应教给孩子如何才能合理地释放自身的负面情绪。

那么父母和孩子可以尝试来一场头脑风暴，寻找到属于自己的一套缓解和释放负面情绪的方法。

首先，父母可以和孩子列举一些能够想到的释放压力、释放情绪的方式，例如大哭一场、给自己做一个冷静角、妈妈给一个大大的拥抱、唱歌、听音乐、看书、逛街、找朋友倾诉、睡觉、玩玩具、做游戏、跑步、骑车……

然后，父母可以帮助孩子把他自己喜欢的几种方式制作成一张卡片放到醒目的位置上，如果负面情绪出现，就从中选择一个愿意的方式去应对。

这样可以极大程度地避免孩子因不会释放负面情绪而选择错误的方式去发泄，比如打架、离家出走等错误方式。

释放负面情绪的方法

上文已经讲到，对待负面情绪，除了认识负面情绪、正视负面情绪之外，释放负面情绪也是其中很重要的一环。父母指导孩子用恰当的方式释放负面情绪十分必要。

孩子难免会有情绪，无论是在学习中碰到困难或压力，在人际交往中受挫，受到同学的嘲笑，还是受到父母或老师的批评，抑或是莫名情绪的困扰，这些都会让他们产生一些低落的情绪。

一旦孩子压抑这些情绪，就会产生一些危害：内心恐慌，没有安全感，变得退缩、封闭。继而对其他事物失去兴趣，妨碍其各方面的发展。

譬如原本感兴趣的事物也不感兴趣了，学习热情下降，变得多愁善感等。长此以往不利于身心健康发展，所以父母应及时观察到孩子的情绪变化，帮助孩子寻找各种释放不良情绪的方式，让孩子尽情释放情绪。

方法1：接纳孩子的情绪

父母首先应该做的就是心平气和地倾听孩子的诉说，了解孩子当时的心情与来由，了解孩子的心结，再想办法处理。切忌没完没了地用言语去劝说、安慰孩子，结果会适得其反。

方法2：大哭一场发泄情绪

哭可能是最简单、最直接的释放情绪的一种方式，父母千万别用"不要哭了"来劝阻或压制孩子的哭泣。

当孩子无法抑制内心悲伤的情绪时，父母可以给孩子一个小空间，让他不受干扰地哭一会儿，将心中的委屈与难受发泄出来。哭过了，孩子的情绪可能就会好转一些。

方法3：借助道具宣泄情绪

父母可以在家里准备一些道具，帮助孩子在产生负面情绪时发泄自己的情绪。例如在家里备一个拳击袋或不倒翁，当孩子不高兴的时候，可以去打打拳击或不倒翁，既不伤害自己，也不伤害别人。

方法4：借助体育运动释放情绪

当孩子情绪不好的时候，很容易呆坐在那里，什么事儿都不想干，这个时候最好让他动起来，将体内的能量散发出去。

体育运动就是一种不错的方式，骑骑车、打打球、玩玩滑板、跑跑步等，当他运动得大汗淋漓时，情绪就会好转。

方法5：借助涂鸦或画画表达情绪

父母可以根据孩子的兴趣选择其中一项，让孩子乱涂乱画，边画边说，将情绪尽情表达出来。

这个时候，画得好不好，都不是考虑的问题，而是想画什么就画什么，只要将心中所想的画下来就行。

方法6：阅读书籍缓解情绪

如果是孩子自信心受挫而造成的情绪低落，可以给他朗读一些提升自信心、克服困难的故事。

如果是孩子社交受挫造成的情绪低落，父母可以给他朗读一些关于社交的小故事。

同时让孩子尽情沉浸在故事的世界里，翱翔在知识的海洋里，这也是一种缓解情绪的好方法。

期望胜于高压，期望值要适当

著名教育家陶行知说过："我们对孩子存在两种极端的心理，都是有害的：一是忽视，二是期望太切。"忽视则是任孩子像茅草一样自生自灭；期望太切，不免拔苗助长，反而促使其夭折。

Chapter

不要让期望成为孩子的负担

父母都希望自己的孩子能够成为有用的人,"望子成龙""望女成凤"合乎情理,是非常美好的愿望。但父母对自己孩子的期望是否合理?

只有科学、合理的期望,把握孩子的发展方向,才能真正有利于孩子的成长,使孩子成才。

对孩子过高期望的结果

期望是一个可变的心理状态。适当的期望对孩子的成长会产生积极的推动作用,如果期望过高,孩子可望而不可即,往往造成消极的结果。

比如,孩子的实际学习水平一般,父母要求他考班上前几名,并立志考全国重点院校。要求自己的孩子去完成不可能达到的目标,孩子可能会焦虑,如果劳而无功,会对学习失去兴趣,对父母失去热情,也可能"阳奉阴违",严重时出现逆反和对抗。

有的孩子,在高一时学习成绩不错,名列前茅。父母对他的期望是，保持班级中领先地位，考入重点大学。

但随着时间的推移，孩子的学习成绩下滑，实际水平处于中等，但父母总记得自己的孩子曾经是班中的优秀生，每次考试一直以达到班级前几名为标准来衡量，达不到父母就不高兴，责备孩子。这样，孩子的成绩就可能更差。

对孩子的期望要从孩子的实际出发，要合理。

如果期望过高，遇到困难太大，受到挫折太多就会丧失自信；如果期望过低，则无助于激发孩子的内在潜能。

合理的期望要符合孩子的身心发展规律，要符合孩子的个性差异，要符合孩子的实际水平。并且根据孩子的兴趣变化及学习水平的实际状态变化进行调整。

父母应该认真地分析一下自己的孩子，是什么原因造成目前的学习状况。学习态度还是心理因素造成了学习困难？智力水平还是学习方法影响了学习效果？孩子目前的学习水平是否已达到了最优发展？是否还有未开发的潜能？

父母与孩子需要坐下来好好地沟通，就学习现状的评价和期望目标的设定等问题达成共识，使孩子对自己发展的内在动机与父母对孩子支持的外在动机相协调，从而产生合力。

期望不应是孩子生活的全部

在孩子出生之前，准父母们就开始憧憬未来宝贝的模样，希望自己的宝宝漂亮、聪明、健康，幻想他将来成为什么样的人物，探讨用什么样的方法去培养他。

当孩子出生后，初为父母的人们满怀激动地端详着自己创造的可爱生命，暗暗发誓要让孩子拥有自己所能奉献的一切，愿意付出所有，将他塑造得更加完美。

随着孩子的长大，父母对他表现出的每一样才能都惊喜不已，然后欢欣而郑重地商讨孩子未来的发展方向。

做父母的所有这些美好愿望和期冀十分可贵，也是成为好父母、培养出好孩子的前提。只是有时，望子成龙心切的父母难免一厢情愿，使期望脱离了现实的基础，为孩子设定了很多扭曲的目标。

孩子是父母爱的寄托和快乐的源泉，但不应是生活的全部。在现代父母教育生活当中，常常会出现以下四个误区。

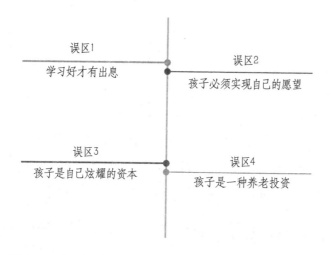

误区1：学习好才有出息

没有父母不希望自己的孩子将来有出息。但什么算是有出息，理解各不相同。有父母认为世上唯有读书高，孩子读大学、硕士、博士，书读得越多越有出息；有父母认为无论孩子干什么，只要干出名，就是有出息……

父母谈论出息的时候，多半是指孩子未来的学业发展和事业走向，淡化了孩子的健康和品德养成。只有孩子患了重病，父母才真正意识到身体和心理健康的难得。

或者直到孩子犯了大错，父母才认识到性格和品德的培养多么重要。

其实，拥有活蹦乱跳的乖孩子的父母也都不要忘记，孩子健壮的体魄、良好的性格和高尚的品质就是成就，就是出息，这才是最值得我们去为之努力和珍惜的。

误区2：孩子必须实现自己的愿望

当代不少父母都希望自己的孩子子承父业或是从事自己曾经梦想却未能如愿的事业。

这样的期望或未尽的期望，不知不觉地压在孩子的肩上，如果孩子恰好能如父母所愿，则皆大欢喜，但如果孩子并不想或不能成为父母所希望的那样，孩子则会承受巨大的心理负担和不必要的内疚。

在这样的家庭环境之下，孩子感受到的只有压力和不自由，父母则体味着无尽的失落，无论是孩子还是父母都不快乐。

与其这样，为什么不顺其自然，让孩子沿着他自己的轨迹运行，施展他最擅长的才能，发挥他自己的个性呢？

孩子长大成为什么样的人，不是父母的心愿所能控制的，孩子最适合干什么，取决于他自己的个性、兴趣、特长，还有环境和机遇。

误区3：孩子是自己炫耀的资本

有些父母将孩子视作自己创作的产品，孩子相貌、学习成绩、所得的奖项成了父母与朋友、同事、亲戚攀比、炫耀的资本。

比如，每当客人来访时，有些父母总要让孩子出来表演节目，在客人的恭维声中感到得意与满足。孩子不愿意或表现不好，父母就生气，责备孩子。

再如，很多父母爱对孩子说单位同事的孩子成绩怎么好，邻居小孩怎么出色，发现自己的孩子不如人就乌云满面。

以上的做法实际上是忽视了孩子的独立人格，把孩子看作自己的附属品，十分不利于孩子的自信和自尊的培养。

如果孩子只是因为物质的成就而被认可，他会觉得只有这些才能获得父母的喜爱。渴望让父母满意的孩子会为此做出超负荷的努力。然而，并不是所有的孩子都能轻松地满足父母的愿望。

最终在经历了多次打击和失望之后，孩子会觉得没有了那些成就，自己毫无价值。父母也会因失望而怨恨，甚至惩罚孩子。父母与孩子之间难以建立爱的纽带。

误区4：孩子是一种养老投资

由于受到传统文化思想的影响，很多时候孩子被看作未来能给家庭带来收益的劳动力的来源。

不少父母希望养儿防老，指望着孩子将来照顾自己的晚年，并且认为养育孩子是对将来养老的一种投资。

还有一些父母希望通过管教孩子感受权力，建立权威。也有父母不自觉地希望孩子永远长不大，永远需要父母的呵护。

以上两种类型的思想都是父母常见的错误想法，因为孩子也是一个独立的个体，有权利拥有自己生活、选择的权利，所以如果这些期望在父母的心目中占据太大的比例，会严重地影响亲子关系的和谐。

父母不合理期望的原因

俗话说"可怜天下父母心"，几乎所有的父母都对自己的孩子寄予了不同程度的期望，这种教育期望直接影响着父母对子女的教育行为和培养方向，但并不是有期望就一定会有收获。如果父母对自己、对孩子的期望用错了方向，只会让父母和孩子都痛苦。

教育期望无非是指父母对自身的期望、父母对孩子的期望、父母对亲子关系的期望，以及对孩子自我期望的引导四个方面。

那这四个方面又是怎样成了不合理的教育期望呢?

1. 固有传统思想的束缚

因为长期受到固有传统文化思想的束缚,所以"望子成龙""望女成凤"是很多父母的想法和心愿。

父母常常希望自己的孩子有所成就,从而忽略了在获得成就过程中所需付出的代价。父母只关注孩子做一件事情的结果,忽视了孩子做这件事情的过程,导致孩子长期受到压力和过度期望的折磨。

2. 将自身期望设定为给予孩子的期望

有的父母认为一定要给孩子一个高起点,于是辛苦万分给孩子提供很好的物质和精神生活,选择最好的幼儿园、学校让孩子就读,报各种各样的培训班、兴趣班,请家教老师,有些父母甚至辞掉工作,不辞辛苦陪孩子读书学习等等。

这些父母把孩子的未来看得极重,认为自己没实现的愿望和理想都应该由孩子来实现,把全部的希望都寄托在孩子的身上,不想让孩子重蹈自己的覆辙。

比如希望孩子考试一定要考前三名,希望孩子能圆自己的"牛津梦""公务员梦""钢琴家梦"等,恨不得自己所有的遗憾都能由孩子来弥补。

其实,这些父母仅仅是将孩子看成了自己愿望的接力棒而已,或许在他们看来,生孩子就是为了实现自己未能实现的梦。而明智的父母是把孩子看作一个独立的人,并尊重孩子的个性,帮助孩子发挥自己的所长。

只有尽量少去苛求孩子,才能让自己不那么累,也让孩子更加快乐、自由地发展。

然而，只有极少数的父母对自身的期望是慢生活、慢教育、让孩子快乐成长即可，认为做父母不在于能给孩子多少条件，而在于帮助孩子成为他理想中的自己。

希望能给孩子一个高起点的父母，企图为孩子准备好一切、照顾好一切，尽自己最大能力地铺平孩子前行的路，殊不知这样反而扼杀了孩子的自主能力，让孩子永远处于被动的接受中，学不会自己积极主动地去争取。

父母只有对自身有合适的期望，才能对孩子形成榜样作用，在潜移默化中让孩子也有正确的认识和期望。因此，父母应当从小尊重孩子的选择，用心良苦地引导孩子形成良好的性格、健康的价值观和勇于进取的精神。

3. 对于亲子关系的过分误解

很多父母过分地看重自己作为"一家之主"的面子，在孩子面前不苟言笑、以权威自居。

这样的父母其实是希望用自己权威控制亲子关系，如果孩子顺从自己的意愿，便觉得这是听话、孝顺的表现，而一旦孩子有了自己的想法，便认为这是大逆不道、不能忍受。

这类父母在日常生活中也处处对孩子设立规矩，觉得国有国法、家有家规、没有规矩不成方圆，对孩子的要求也永远都是"听话"二字。

这种要求孩子一切事情都遵从自己命令的父母多半对自己没有自信，在他们的心目当中，能够管教出一个顺从听话的孩子是一种莫大的成就感。

在对亲子关系的期望上，只有少数的父母能够做到合格，即与孩子平等地交流、沟通，形成一种朋友关系，和孩子亲密无间，和孩子一起来面对生活，这样的父母和孩子在一起才是一种享受、一种双赢的亲子关系，也是最圆满的亲子关系。

4. 对于孩子自我期望的诱导

在对孩子自我期望的引导上，很多父母都会有这样错误的想法：自己的孩子凡事都要比别人强。如果孩子在考试、课外活动中稍逊于其他的孩子，父母便会不断地诱导孩子，对孩子说"下一次你一定要超过其他小朋友"。

这些父母时刻不忘提醒孩子以"超越其他小朋友"为目标而奋斗，让孩子从小就在一种竞争焦虑下成长，认为如果不能超过别人，就是自己的无能。

其实这就是父母对于孩子自我期望的错误诱导。因为健康的自我期望不是比所有人都强，而是做最好的自己。如果孩子总是有意无意地与他人比较，那么就会在很大程度上干扰了自己的进程，甚至会影响孩子的心态和性格。

面对比自己强大的人，父母必须让孩子学会接受差距，要知道"山外有山，人外有人"，我们总会遇到某些方面比自己强的人，不必过于纠结，当然也没必要妄自菲薄。

引导孩子自我期望的最佳状态是心无旁骛地专注于自己的前进目标，并努力地进行自我超越。

合理的期望才是孩子成长的动力

每一位父母对孩子都有着自己的期望,如果是合理的期望,则会有利于孩子的身心发展,但期望并不是越高越好,也不是越强烈越好。

这些期望到了孩子的身上,可以是动力,也可以是压力。动力能激发孩子的创造力、帮助孩子更好地达到自己的目标,而压力只会给孩子带来成长中的负面效应。

不要试图让孩子去符合父母所有的教育期望,这对孩子的自我意识甚至健康都非常有害。

父母要让孩子知道你对他的爱不是建立在他的行为表现基础之上的,孩子也没有必要去追求所谓的完美。如果孩子不喜欢,那就不要去勉强,否则只会让孩子离你的期望越来越远。

什么是合理的期望

在上文中已经讲解了父母对于孩子常见的错误期望,那么究竟怎样的期望才是合理的?父母在为孩子建立自我期望的过程当中又应当基于什么因素呢?父母建立合理的期望应遵循以下四个基本原则。

1. 遵循实际情况

父母都望子成龙、望女成凤,但是希望和现实总会有差距,不是所有的孩子都能成龙成凤,父母们千万别把对孩子的期望建立在脱离现实的基础上,这样只会给孩子带来压力,给自己带来烦恼。

2. 认清孩子的承受能力

父母对孩子的期望越高,孩子所承受的压力就越大,如果这种压力超出了孩子的承受范围,那就会给孩子造成身体或心理上的伤害。

请父母们放轻松,也给孩子喘口气的机会,别等到问题出现后,才明白一个身心健康的孩子比什么成绩都重要,那时就悔之晚矣。

3. 尊重孩子的个性

孩子就算年龄再小,也都是一个独立的个体,都有自己的思想和兴趣爱好,父母不能随自己的心愿去安排孩子的未来。

父母要尊重孩子的个性和独立性,充分考虑孩子的兴趣爱好,放手让孩子自己做决定、做选择。

4. 全面发展孩子

许多父母在教育孩子方面十分功利化,只关注孩子的学习和智力方面,对其他方面都忽略了。

其实,父母的期望应该全面一些,不仅仅是学习方面,也要有道德品质方面、素质教育方面、身心健康方面的期望等,只有这样,孩子才能全面、自由、快乐地成长。

教育期望应该是合情合理的,父母的态度决定着孩子的一生,只有父母给孩子正确的期望,孩子才会成为一个能够自我接纳的人,才有信心去迎接未来的生活和学习。

怎样建立合理化期望

父母了解什么是合理化的期望、合理化期望应当遵循的原则之后,应当为孩子建立合理的期望。但这往往是很多父母最为头疼的地方,如果父母对于孩子过分放松,则可能会导致孩子不受约束、失去目标;如果父母对于孩子期望过高、要求过于严格,则势必会为孩子增加过大的压力,不利于孩子健康成长。

因此,父母应当学习如何建立合理化的期望。

1. 根据孩子年龄、水平、爱好设定期望

父母不应当单从自身的喜好出发,按自己的意愿为孩子设计发展的方向,而应当站在孩子的角度考虑期望。父母首先应当做到的一点就是根据孩子的年龄,评估孩子的能力水平和兴趣范围,了解孩子感兴趣的方面。

不了解孩子的父母往往会将自己不合理的意愿强加到孩子的身上,从而对孩子造成莫大的心理伤害。

2. 寻找孩子发展的最佳才能区

每一个孩子都是不一样的,他们的情商发展是不均衡的,他们的智能发展也是不均衡的,有智能的强点和弱点。他们一旦发现自己的智能、情商最佳点,并且通过开发情商、智商,使智能潜力得到充分的发挥,便可取得惊人的成绩。

智能的最佳点即最佳才能区,就是孩子自己最感兴趣、最专注、最擅长的领域，做起来感到最轻松的事情，这种最擅长的能力就是最佳才能。

每一个人都有自己的最佳才能区，即使是那些在学校被视为差生，甚至最笨的孩子，在他们找到自己的最佳才能区后，顺应自己的才能趋势去努力，最终也可以取得辉煌的成绩。父母要做的是找到他的最佳才能区。把握孩子的发展方向，就能将他的潜能优势充分发挥出来，从而突飞猛进。

孩子对自己所从事的事情如果有着浓厚的兴趣、旺盛的热情，常常痴迷其中，就会忘记苦和累，很多孩子认为能做自己最喜欢做的事，就是一种极大的幸福。如果孩子视学习为人生最大的乐趣，即使遭遇挫折和不顺，也无怨无悔。

父母把握孩子的发展方向，必须了解孩子的强项和劣项、优点和缺点、特长和爱好。因材施教，尊重孩子的个性，让孩子顺应自己的才能趋势，走最适合自己成长的道路。

3. 循序渐进地期待孩子的成长与进步

揠苗助长永远不是正确地教养方式，父母在为孩子建立期望的过程中要做到循序渐进，耐心地等待孩子一步一步成长、进步。因此，父母定下的目标应符合孩子的发展水平，让孩子可以通过有意识的培养来达到。

父母要记住以孩子自身作为参照物，以他的特长为出发点，不要以周围人甚至自己作为期望的参照物与出发点。

不少父母为了让孩子早成才、快成才，很早就为孩子制订了"培养计划"：如先学英语，再学钢琴，同时学电脑……孩子的业余时间被塞得满满的。看似能够在很短的时间内让孩子的能力成长，殊不知玩是孩子的天性，这种不断加压的做法不但影响了孩子与同伴的交往，而且可能会造成幼儿形成不良的性格。

如何把握对孩子的期望

父母为孩子建立起合理的期望之后，还应当能够把握对于孩子的期望，并且运用恰当的方式方法帮助孩子坚持期望。

1. 设立恰当的期望

父母给孩子提要求是必要的，因为孩子的自我约束能力差，需要有人帮他树立目标并促其前进。

但是这种要求和期望应该现实一些，如果孩子的基础较差，父母就不要定过高的目标。一般而言，给孩子树立一个"跳一跳就能够得到"的目标是最合适的。

教育心理学家认为，对孩子提出恰当的期待和要求，这更容易产生良好的"期待效应"，这样的效应能够推动孩子进步，促进孩子更加健康迅速地成长。

2. 激发孩子的动力

如果父母要使期望成为现实,就必须让孩子把期望化为自身发展的内在动力。

如今的孩子,大多生来就享受着众多成人给予的关爱。在这样的生存空间里,孩子不知不觉地养成了一种被动的习性,习惯于等待外来的指令和安排,而真正源于内心的需求与动机则显得相当缺乏,从而导致主动性与创造性水平低下。有时处理不好甚至还会产生逆反心理。

因此,父母应当运用多种手段不断地激发孩子的动力,促进孩子反复确认目标,并且最终实现期望。激励孩子的方法有很多,例如与孩子一同制定目标,对于孩子完成的阶段性目标进行奖励等。

3. 鼓励孩子的进步

要求尽善尽美的父母,通常是期望太多,批评太多,总是挑孩子的毛病。当父母在孩子身上寄予很高的期望,同时又不断地指出孩子的不足之处时,实际上是在使孩子失去勇气,在降低孩子的自信心水准。

这些父母往往忽略了孩子较小的、积极的行为,这就很容易犯苛求和越权的错误,而漠视孩子的权利,这与孩子的成长是不相适应的。

相反,如果父母时刻注意到孩子的每一点进步,并及时加以鼓励,就会使孩子充满活力,并且产生要多做一点的欲望。这应当引起父母的足够重视。

合理期望，更需要合理化引导

合理的期望是给孩子指明了方向，而给孩子提出合理化建议，则是帮助孩子找到道路。

因此，在明确了合理的期望之后，需要通过向孩子提出合理化建议，和孩子一起制订一个切实可行的计划来保证目标的实施。

但是，怎样引导孩子愿意接受大人的合理建议呢？

比如，当父母建议孩子好好把差的课程补一下，可孩子经常是口头上很不情愿地应着，却没有行动。整天只想玩电脑，只顾玩自己的游戏，把父母的话当作耳边风了，父母该怎么办，才能把他从网络游戏与QQ聊天中拉回来？怎样引导才使他愿意接受给自己定个规划的建议呢？

对于这种情况，有很多的父母都有着切身的感受。对于这种情况，平时的说教，总是显得那么苍白无力。如何改善这种状况呢？

父母改变自身观念

虽然，平时父母对子女学习上的叮咛、考试分数的唠叨，实际上也是在向孩子提合理化建议的一种方式，这些都是出于父母对子女的爱心和责任心。但是，父母会不自觉地把大父母的权威拿出来，让孩子接受自己的教育。

随着孩子年龄的增长，越来越听不进去父母的这种"唠叨式建议"，父母的教育也只起着收效甚微的作用。所以，父母应该从自身出发，改变自己的观念。在互相尊重理解的基础上，将父母对子女的期望转化成共同目标。

父母应当如何改变自身的观念呢？说几点仅供大家参考：

1. 改变自身认知态度

卢斯·凯瑟说："你用什么样的态度去对待生活，就会收获什么样的生活。"可以说，态度决定一切。

父母对于自身的认知往往是"家长""孩子的管理者"，由此导致父母都想拥有权威，但是权威是建立在孩子认可的基础之上的。没有孩子的认可，一切皆为空谈。

所以，父母首要改变的就是"我是父母"这一问题的认知态度。父母不应该将自己的姿态放得过高，而应该力求与孩子平等相处，做孩子的朋友。

在日常生活中，父母不能把孩子作为自己的私有品，更不能把孩子当作检验自己教育成功与否的实验品。

父母要让孩子有着与自己平等的人格、地位，要让孩子切身体会到这种人格的平等。

做法很简单，人人都有发言权，大家都做决策者，尊重自己的同时，也尊重他人的意见，让孩子也成为重要的决策成员之一。

2. 主动与孩子进行沟通

沟通是人与人接近距离、了解思维的主要方式。与自己的孩子沟通，父母应该做主动者。这个时候，父母要做的事情就是"没话找话"。

随着孩子年龄的增长，孩子有了思维的独立性，有了辨别是非的能力，自然心中也就有了小秘密，有了自己的想法。

所以，有时这些父母的教育，孩子表面上听着，可是行动上却迟迟不见表现。这就是孩子的成长标志。那么，父母们改变了做"大家长"的态度之后，所要做的就是做与孩子沟通的主动者。

很多父母最常和孩子聊的内容就是学习，但实际上，父母能够跟孩子聊的内容有很多。父母要想聊到孩子的心里去，就要了解孩子的兴趣爱好。只有投其所好，才有可能触动孩子那根与父母交流的琴弦。一个善于与孩子沟通的父母能够在茶余饭后、散步路上找到与孩子沟通的时机，并且从影视、娱乐、游戏、学习等各个方面找到孩子感兴趣的话题，并且与孩子交流。

父母在与孩子们交流的过程中，在与孩子争辩的过程中，就会发现自己的孩子长大了，更会了解到孩子的内心世界。

3. 正确认识网络这把双刃剑

网络作为一种日益普及的媒体，作为一种信息工具，已融入了人们的工作和学习生活，正在发挥着巨大而神奇的作用。网络文化作为一种建立在互联网基础上的信息文化，具有传播迅速、内容丰富、能控力低、服务个性化等特点，对人们特别是青少年产生了广泛而深刻的影响。

因为有越来越多的孩子沉溺在网络世界当中，所以大部分父母都认为应当杜绝自己的孩子接触网络文化。但事实却是，父母越限制孩子，孩子对于网络的好奇心越大，对于网络的利弊越不明确。网络原本就是一把有利有弊的双刃剑，父母应当正确认识网络。

网络为孩子提供了一个广阔的学习空间，大大拓宽了大家的求知途径，有助于孩子开阔视野、促进学业。

网络也为孩子提供一种自由、轻松、没有压力的学习环境，有助于培养和发挥他们的创新能力。

网络是一个广阔空间，存在着许多新鲜和未知的事物，也有助于开发孩子更多的潜力。所以，父母要利用好这把双刃剑，引导孩子做网络的主人。

父母可以从以下几方面控制孩子上网，引导孩子成为网络的主人。

（1）注意上网时间限制。

（2）引导孩子少玩充满暴力的网络游戏，转而玩一些益智类、运动类、经营类的游戏。

（3）在玩游戏过程中注意培养孩子的自制力。

（4）发展多方面兴趣，在游戏中及时发现自己其他方面的潜质。

（5）通过网络进行学习，通过网络看课件、教程等。

有策略地引导孩子学习

如何让孩子自觉学习呢？父母在引导孩子学习的时候，要讲究策略。

1. 引导孩子做时间的主人

珍惜时间就是珍惜生命。时间稍纵即逝，分秒就有可能成就永恒。所以，帮助孩子做时间的主人，是一件十分重要的，更是势在必行的事情。

如何帮助孩子成为时间的主人呢？

（1）教会孩子珍惜时间。

除了认真对孩子讲解时间的重要性之外，父母还可以在列举事例的过程中，让孩子体会到那些成功人士无一不是利用时间的高手；并且让孩子知道凡有成就之人，无一不是珍惜时间的能人，从而让孩子在观念上有所改变，时间是靠挤出来的，不是等出来的。

（2）教会孩子使用时间。

掌握科学管理时间的方法和技巧，可以避免低效重复的劳动，达到小时间出大效果的局势。所以，父母要教会孩子使用时间。

教会孩子在最有效的时间里做最重要的事情。事情都有缓急轻重之分，始终抓住重要的事情去做，才是最有效地科学管理时间，才是最好地节约时间。

根据孩子的自身情况特点，在不同的时间段，让孩子做不同的事情，会达到意想不到的效果。比如：早晨六点起来早读，八点看书，都是记忆力超好的时间段，这样安排就有利于孩子节约时间、支配时间。

再就是教会孩子养成今日事今日毕的习惯。时间最大的敌人就是拖延。期待和依赖，最容易让孩子养成浪费时间的坏习惯。

还有就是要让孩子信守诺言，在设定的时间内完成定额任务。有的孩子十五分钟的作业，半小时做不完，这就是明显的浪费时间，没有时间观念，何谈支配时间。所以，让孩子学做时间的主人，更有利于孩子的学习和玩耍。

2. 引导孩子制订落实计划

"凡事预则立，不预则废。"所以，父母要帮助孩子学会制订并落实计划。

制订计划时，需要注意，不要把孩子的时间安排得满是学习时间，没有一点人身自由。要让孩子留出半小时至一小时读课外书的时间。学习不在于非得拿出课本，读一些与学习无关的书籍也是可以的，父母推荐孩子读些平时没有时间读的名著、大作，发表一些自己的看法、想法，未必不是什么好事。最后需要注意的就是制订了计划一定要落实到位。在这方面，父母要做好督促工作，不要荒了自己还加罪于孩子。

放手去爱,你会发现孩子其实很优秀

心中有爱才能发现爱。父母拥有爱的眼睛,才能发现"最棒"的孩子,如同"情人眼里出西施"。教养孩子时,我们要做一个有心的父母,用温情来陪伴呵护孩子的心灵,善于发现他的优点,给予他欣赏赞美。

Chapter 10

换一个角度看孩子的缺点

不少父母因为"望子成龙成凤"心切,而逐渐变得"贪心",对于孩子要求过分严苛,对于孩子取得的进步或现有的优点通常视而不见,仅仅把目光聚焦在孩子的缺点和不足之上。即使孩子取得了欣慰的进步,父母也是象征性地肯定其进步后告诉孩子哪里做得还不够好。

对于父母这样的做法,虽然其心情可以理解,但是这样做会打击掉孩子的成就感,从而拆掉的是孩子自主学习和进步的发动机。因此,父母应当辩证地看待孩子的缺点,换一个角度往往能有不一样的收获。

缺点也有可能是优点

世界上任何事物都是两面的,没有绝对的好,也没有绝对的不好。辩证法告诉人们事物之间是可以互相转化的。父母对待孩子的优缺点也是同样的道理,因为判断孩子的优点和缺点,本来就是因人而异,所谓"横看成岭侧成峰",所以父母也应当用辩证的思想看待孩子的缺点。

孩子的优点和缺点没有明确的界线。比如有的孩子爱标新立异,从另一面来看,是有创新意识;有的孩子爱管闲事,从另一面看,是热心肠;有的孩子爱顶嘴,从另一面看,是思维敏捷,有主见,有思想;有的孩子做事磨蹭,另一面可能是认真细致。

所以,只要父母适当地引导,孩子的缺点就能够转变为优点。

同时,孩子的优点和缺点也是共存的。一个缺点在一方面看上去是缺点,但在另一方面又是优点,换一种方式说就是在缺点的下面,隐藏着优点。

举一个简单的例子,有个孩子因为胆小的性格而去见心理专家。专家告诉他:"胆小不是缺点,是优点。你不过是非常谨慎罢了,而谨慎的人总是很可靠,很少出乱子。"

这个孩子不解地问:"那勇敢难道是缺点?"

专家说:"勇敢也不是缺点。勇敢是一种优点,而谨慎是另一种优点,是少出事故的优点。"

这个例子告诉我们,缺点也讲生长的土壤,也讲生存的环境,在一个场合认为是缺点,到了另一个场合却成了优点,发挥了它的长处。父母应当能够从孩子的缺点背后看到所蕴含的优点，给予孩子更多的自信。

缺点并非一成不变

孩子在幼年时期因为心智还未发育健全，自控力较差，难免会出现一些"小毛病"。有的孩子从小马虎、粗糙、不细心，显出一副对什么都无所谓的样子，直到上小学之后仍旧粗枝大叶。往往父母会将孩子的这些小问题当成缺点，小题大做，动不动就呵斥孩子。

但实际上随着年龄的增长，很多孩子在幼年时期存在的问题逐渐就会消失，比如孩子粗枝大叶的毛病改了许多，对周围事物也渐渐关心起来了。而孩子保留下来的宽容、豁达却让他十分得益，小时候存在的对任何事都无所谓的缺点发生了转变，成了只干自己的事，不与人斤斤计较。

由此可见，孩子成长中的缺点并非是一成不变的，很多幼年时期的缺点会随着孩子年龄的增长而消失，而一部分缺点会保留变为孩子难能可贵的优点。关键是父母应当看到孩子缺点的另一面，而不应以一成不变的固定眼光看待自己的孩子。

毕竟孩子的成长是动态的，是不断变化发展的，优点、缺点也是不确定的。会随着孩子的成长而产生一些新的变化，所以父母不能拿着孩子过去的优点、缺点的定位标准去衡量眼下的孩子，甚至是将来的孩子。

如果父母执意抓住孩子的缺点不放，那么有可能因过度的纠正而带来负面的作用。

放大孩子的优点

在我们的传统教育观念中，父母总爱把目光盯在孩子的缺点上，把力气用在改掉孩子的缺点上。以为只要改掉了缺点，就只剩下优点了。

其实，这种观念对自己和孩子都没有帮助。如果父母总是盯住缺点，就会给孩子指出缺点，强调缺点，进而纠正缺点。但是这样做真的能够纠正孩子的缺点吗？答案是否定的，事实上父母纠正缺点的效果并不好。

父母的严格纠正会让孩子误以为自己十分差劲，从而导致他的自我价值感下降，产生强烈的自卑感。

在强烈的自卑感控制下，孩子会表现得畏缩、胆小、没有自信，他的积极性不能被激发，他的生命能量不能释放出来。

因此父母要把目光放在孩子的优点上。找到了优点，再进行优点的放大。举一个简单的例子，某位家长认为自己的孩子缺点太多，孩子对于长辈的教育也左耳朵进右耳朵出。才上三年级的孩子懒惰、贪玩、不写作业、上课不专心听讲、成绩时好时坏。这位家长十分苦恼，因此向专家倾诉，并且询问如何才能够根治孩子的这些缺点。

专家便询问这位家长："既然您能够列举出孩子这么多缺点，那么是否也可以说出孩子的优点呢？"

此时，这位家长才意识到，自己过分关注孩子的缺点，而忽略孩子身上存在的宝贵优点。比如孩子十分喜欢读书，孩子对于科学知识充满好奇心，孩子十分乐于助人，孩子十分懂礼貌等。

从这位家长的例子中能够看出，父母应当多从孩子的优点入手进行教育，放大孩子的优点，而不是纠结于孩子的缺点。

在教育的过程当中，父母应当把自己投入孩子的爱好中去。多给孩子提供他喜欢的故事书，和孩子一起讨论故事中的人物、情节，多从这方面鼓励孩子、欣赏孩子，重新给孩子建立一个新的自信点。

自信心对孩子有着重要的意义，对于维护好亲子关系也具有重要性，放大孩子的优点，培养孩子的自信心是爱孩子最基本的底线。

巧妙转化缺点

从性格特征、个人特质方面来讲，人没有绝对的缺点，也没有绝对的优点。缺点和优点，要看具体内容是什么，要看它存在的背景是什么。因此父母平时要多观察、多留心孩子的优缺点，并且在适当的时候进行引导。

在此讲一个小故事，化学家奥托·瓦拉赫上中学时，父母想让他走文学之路。但老师在评语中指出了他的缺点：做事过分拘谨和刻板。后来一位化学老师建议他改学化学，因为这个"缺点"正适合做化学实验——需要一丝不苟、严谨认真的态度。以致后来他荣获了诺贝尔化学奖。

这个故事都说明了缺点并不是不能转化为优点。正像有位专家的说法：缺点是放错了地方的优点，只要找到发挥的地方，缺点就不再是缺点，而变成了优点。

无独有偶,童话大王郑渊洁也遭遇过这样的问题。郑渊洁小时候是个"差生",因为他总是调皮捣蛋,他的老师训斥他:"咱这个班里,最没出息的就是你!"郑渊洁对此很不服气:我作文好,我有想象力,怎么就没出息?

果然,从未上过大学的他成了当代颇有影响力的童话作家。当有人采访他成功的秘诀是什么时,他说了这样一句话:"我找到了最佳才能区,每个人都有自己的最佳才能区,这是上帝赋予每个人的特殊能力,是任何人代替不了的。"

由上述的例子可见,父母首先要了解孩子的各方面的情况,要独具慧眼,发现孩子的优点、兴趣点,找到孩子的优势。

同时,父母应当帮助孩子学会避开缺点、劣势,而发挥特长、优势,并加倍强化这种优势,把它发挥到极致。如此一来,孩子离成功就更近了一步。

不少父母可能会说:"如果我的孩子没有优点呢?"每个人都有优点,只不过有些孩子的优点在他年幼的时候并没有体现出来。所以，父母要有一双慧眼，要会善于发现孩子的优点，鼓励或帮助孩子把优点发展到极致，升级为特长，并且把特长稳固下来最终形成孩子的优势。接下来，只需要教孩子如何把自身的优势发挥好，成功的概率也将会大大提高。其具体做法可以大致分为以下两步：

（1）发现孩子的闪光点。闪光点，需要父母平时用心去留心。它可能就暴露在平时孩子的日常生活中，也可能就潜藏在某个细微环节里，只是父母没有留意到而已。

（2）不断挖掘孩子的优点。孩子的优点需要父母不断去发掘，父母应当在生活、学习过程当中仔细观察孩子，不断与孩子沟通，以辩证的眼光看待孩子身上的问题，最终将孩子的缺点转变为优点。

爱孩子不需要条件

父母爱孩子是天性,孩子最需要的也是来源于父母"无条件的爱"。但是往往父母给孩子的爱分为两种:一种是有条件的,一种是无条件的。

如果孩子做的事情让父母觉得满意,比如说考试取得好成绩,帮家里干了很多活,父母就觉得孩子真是一个好孩子,对孩子又是夸奖又是物质奖励。但是如果孩子犯了一个错误或考试没考好,父母对孩子就开始又是挖苦又是冷落,甚至还会打骂。那么,父母对孩子这样的爱就是有条件的。而无条件的爱就是,父母爱孩子的一切优点,也接纳孩子的所有缺点。当一个孩子被父母无条件地爱着的时候,他的自信心就会大大增加。孩子的心理是安全的,孩子有勇气面对所有的事情,孩子也会自己尊重自己,然后尊重别人,那他当然也会尊重和爱自己的父母。

不要功利地爱孩子

父母经常一脸严肃,用命令和训斥的方式和孩子说话,以为自己在以这种方式全心全意地爱孩子,认为自己所做的一切都是为了孩子好,都是希望孩子能在自己的关爱中健康成长。

可往往孩子没有从父母的行为中感受到爱,孩子能够感受到的就只是他们失去了独立的人格,被来自父母的爱束缚了自由,感觉自己被父母压迫。

父母也许觉得这种自上而下的教育姿态可以树立自己在孩子心目中的权威,孩子会因此听话,会因此取得好的成绩,养成良好的生活习惯。但是,父母没有认真倾听孩子的心声,没有尊重孩子选择的权利,同时粗暴地否定孩子不当的想法和做法。到最后,孩子也许会被迫顺从,但在孩子幼小的内心充满了抵触的情绪,对于父母也怨气横生。

随之而来的则是孩子与父母之间的疏远,家庭本该是最温馨、最安全的地方,但孩子从未从父母身上感受到对自己的关爱,导致的结果就是孩子的冷漠与叛逆。

虽然如此,在现代家庭当中,仍旧有不少父母带有功利性地去爱自己的孩子,其具体体现在以下两个方面。

1. 表面关心孩子,实则满足自己

父母总想把自己以前没有做好的事寄托在孩子身上得以实现,总要为孩子安排很多该做的事、该学的东西。父母总会对孩子说:"我们用心良苦,都是在为你好。"

父母如此的爱是有条件的,再用对孩子的爱做筹码。这样的父母更是自私的,将自我满足的爱强塞给孩子,不管这个爱是否合适、是否符合孩子心理,这样的父母认定"只要我给你,你就必须接受,不管你愿不愿意,不论你需不需要,你必须无条件接受",给孩子造成了莫大的压力。

2. 无法将爱与成绩分开

在应试教育的大背景下，很多父母无法将自己对孩子的爱与孩子的成绩分开，仍旧用成绩作为控制、压制孩子的武器，将对孩子的爱建立在孩子成绩好的基础之上。也正受此观念的影响，一部分家庭十分不和谐，争吵从未断绝。

具体原因很复杂，但有一条是共性的，就是父母时时刻刻都将父爱、母爱同孩子的学业紧紧地挂起钩来，使得孩子产生很重的逆反心理。其中，经常能够听到父母这样的说法："父母对你这么好，你再不好好学习对得起谁呀？""你这次考试分数这么低，还想报名去参加学校的体育比赛？""考试成绩这么低，爸爸妈妈都急死了，你倒一点都不急。"父母爱孩子不需要理由，这是人类的本能，父母对孩子的爱也不应该有目的性。父母爱子女只是因为这是自己的孩子，仅此而已。父母应当百分之百地接纳孩子，无论是孩子的优点还是缺点。

有条件的爱不是爱

有条件的爱，是说父母不能无条件地爱孩子，父母对孩子的爱是有条件的。很多父母，要求孩子做出相应的行为或取得相应的成绩，然后再给予孩子与之相适应的爱。导致父母与孩子的关系成了"生意"关系。全国著名家庭教育专家，亲子关系理论的创始人董进宇博士曾把这种"有条件的爱"说成是家庭教育的一个陷阱。

这种有条件的爱，极大地扼杀了孩子的自尊心。孩子会觉得自己不够好，自己还需要做出相应的动作，父母才能爱自己。孩子在意识深层感觉的是屈辱，是人格的贬损，是自尊心的伤害。

爱的可贵性在于它的无条件性。无论在成人的世界还是亲子关系中，有条件的爱都是爱的"伪造品"。包括把爱作为孩子学习行为的一种奖品，也是不可取的。

《于丹〈论语〉心得》里有段话，大概意思是：心理学上有一种界定，称其为"非爱行为"。就是以爱的名义对最亲近的人进行的这种非爱性掠夺。这种行为很多发生在亲子之间。

因为"非爱行为"是以一种爱的名义所进行的一种强制性的控制，要求他人按照自己的意愿去做，所以可以说"非爱行为"其实也是"有条件的爱"。

无论是"有条件的爱"也好，还是"非爱行为"也好，都是对孩子"人格的贬损"，是对孩子"自尊心的伤害"。

好的亲子关系大过所有的教育

爱孩子和教育孩子本来应是一码事，但有不少父母却把爱和教育当成两码事，把爱和教育隔离开来。父母对孩子爱得无以复加，但却不知道如何教育孩子长大，只能讲爱与孩子的成绩、成就挂钩。

也就是说，父母总是把教育结果当成过程，而忽视过程中心灵的沟通和爱的参与，结果当然没是有结果。

要学会与孩子进行心灵的沟通

亲子沟通是父母和子女之间进行的包括信息传递、信息反馈、情感渗透等内容的一个互动过程。

在亲子沟通的过程中，信息的传递和接收是双向反复的，在信息多次被传递的过程中情感因素始终渗透其中。

信息的传递和接收受到信息传递者情感因素的影响和制约，反馈中的信息是经过接收者加工的、在质和量上已经有所变动的信息。

亲子沟通在家庭教育中有着重要的意义，没有顺畅的亲子沟通家庭教育的效果就会大打折扣甚者出现负效果。没有良好的亲子沟通就不可能有良好的亲子关系，而良好的亲子关系是一种重要而有效的家庭教育资源，有效地开发和利用这一资源才能促进家庭教育的有效开展。

1. 创设良好的家庭环境氛围

家庭教育不是凭空的，也不仅仅是在有形的家庭——房子及家庭设施这个环境中完成的，家庭教育更多的是在由家庭成员及彼此间的情感联系共同组成的这个抽象意义上的家庭中来完成的。

抽象意义上的家庭和有形的家庭共同组成了家庭教育的环境，积极有效的亲子沟通能够增进彼此之间的情感联系，优化亲子互动的模式，在信息传递、接受和反馈的过程中实现信息的有效接受和正向加工，实现亲子间的良性互动，使抽象意义上的家庭具有较强的吸引力，给每个成员尤其是孩子一种稳定的归属感。

这种归属感同时会让有形的家庭——房子及家庭设施在每个成员尤其是孩子的心里经过积极加工而具有温暖、安宁、幸福等积极的属性。

从这个意义上讲，积极有效的亲子沟通为家庭教育创设了良好的环境。

2. 顺利解决家庭教育过程中的问题

家庭教育是一个整体概念，但具体到每一个家庭而言又是一个具体的过程。并且不可能用实验的方法来寻找一个适合自己孩子的培养模式，也不可能在教育过程中发现问题后就一切打乱、重新开始,作为每个家庭的教育更多的是在探索中进行。

同时,每个人都有自己的成长环境和成长经历,每个人也因此有着不同的行为和思维方式,作为父母和孩子也不例外。

这就决定了在日常生活中出现不同的想法、看法甚至发生冲突是不可避免的,尤其是现在的高中生,他们的成长环境和父辈们的成长环境有了很大的差别,这就决定了他们和父母之间的行为和观念差异会更加明显。

亲子之间的行为和观念差异是不可避免的,在日常生活中亲子之间出现矛盾和冲突也是难免的。

所以,重要的就是当我们在家庭教育过程中亲子之间出现矛盾或冲突时如何有效地去解决问题。

解决的方式因人、因事而异,但要想有效地解决问题,良好的亲子关系是渗透其中的重要因素,而良好亲子关系的形成依赖于亲子间的沟通是否顺畅、积极和有效。

3. 确保孩子健康成长

每个孩子都是一个活生生的个体，每个孩子在成长过程中遇到的问题也会各有差异，孩子成长中遇到的这些问题能否得到及时有效的解决，会影响到孩子的健康成长。

父母在家庭教育过程中要通过自己的观察和交流，及时发现并引导孩子来面对自己遇到的问题，并最终通过努力找到方法解决自己遇到的问题。

而问题的发现、父母对孩子的引导都是离不开及时有效的亲子沟通的，只有顺畅的亲子沟通才能让父母及时地发现孩子遇到的问题并在良性的情感互动中引导孩子正视问题、付出努力，最终解决遇到的问题而不断成长。

用爱让孩子努力变优秀

前文所述让父母无条件地爱孩子，并不是说放任孩子，或是任由其缺点和不足继续发展下去。而是父母在和孩子有效的心灵沟通过程中，通过无私的爱来引导孩子，让孩子在爱的光芒的照耀下，产生强烈的"自我塑造"的欲望，努力变得更优秀。

父母应当将"见贤思齐焉"的教诲传递给孩子，通过教育让孩子把"努力改变自己"作为正确的指导思想。父母可以教育孩子在班上给自己寻找追赶的榜样，看到别人的长处，虚心学习别人的长处。一个孩子如果能经常这样去想问题，嫉妒心理就会慢慢打消，而能够客观地自我评价，客观地评价别人。

同时，父母还要引导孩子不断地反思自己："我在某方面表现如何？""我自身有什么优缺点？""我最近是否有进步？""我是否应该表达自己的意见？"只有引发孩子的思考，才能够促进孩子不断地进步、不断地成长。

那么父母具体该怎样做呢？

1. 确定孩子的能力，培养孩子的特长

社会对人的能力要求已经达到苛刻的程度，孩子也未能幸免：会什么才艺？有什么特长？

日常生活不可避免地给父母和孩子的生活塞满了太多的"斤斤计较"，那么父母可以为孩子做些什么呢？

其实父母能做的并不复杂：无论在幼儿园还是在家里，父母应当注意孩子的兴趣变化，根据孩子先天表现出来的能力，增加软件支持。

孩子的厌倦和好奇心一样旺盛，所以也不能信马由缰，一旦确定了孩子的长处，要给予一定的强度和压力，让孩子学会持之以恒，哪怕会有一定的排斥，因为学习习惯是需要培养的。

在特长的培育中，孩子可以确立自信——我有与众不同之处。

2. 用欣赏的眼光看待孩子

很多父母望子成龙的心太过迫切，他们似乎容忍不了孩子的暂时落后与普通的成绩，往往把自己急躁的心情压迫在孩子身上，但这样做常常会适得其反。

要学会欣赏自己的孩子，认可孩子身上的优点，或者认可孩子的努力。生命之间是无法比较的,父母应该感觉自己的孩子永远是最好的、最优秀的。

所以当孩子的成绩不理想时,父母不妨冷静下来思考一下,即使孩子现在还不能让自己满意,但要学会等待与忍耐,不要过于心急,以一颗谦卑的心来感谢生活,学会多想想孩子的好处,感谢孩子给自己带来的幸福和快乐。

只有父母调整好自己的心情,少责骂批评孩子,多给予他们赏识与鼓励,才能够让孩子有信心继续前边的人生路,最终获得精彩的人生。

父母千万不要用挑剔的眼光看待孩子,因为孩子的内心十分敏感,所以父母的一丝不满都能被孩子轻易察觉。父母要学会用一颗真诚的心去赞美自己的孩子,用认可的眼光去欣赏自己的孩子。

3. 最大限度地信任孩子

父母对孩子缺乏信心是现实生活中比较常见的现象,即使父母声称对孩子有信心,但实际行动中却充分表现出对孩子没有信心。

在现实生活中,孩子因智力原因而导致的学习困难或者成绩不理想是很少的。绝大部分孩子的学习困难很大程度上是与该生的情绪、兴趣、心理环境等因素密切相关。

而父母对孩子是否信任直接导致孩子是否出现情绪、兴趣上的波动,影响孩子学习的心理环境和学习效率。

从那些学习成绩较差的同学情况来看:他们的父母对他们的学习能力是持否定态度(不信任)的,为了帮助他们走出学习的困境，他们的父母一般采取的方法就是，使出浑身解数把他们牢牢限定在书本学习这一单一的学习领域里。

事实证明：这样做的效果往往不理想，甚至起到相反的效果。因为孩子埋头在书本这个小圈子里不断循环，一方面，缩小了孩子的学习空间，破坏了孩子的学习兴趣，使学生产生厌学情绪；另一方面，割裂了书本知识和现实生活的有机联系，从而降低了孩子自我调整和消化、吸收的能力。

因此，父母不能只在嘴上对孩子有信心，而要表现在行动上，尤其是那些学习成绩不理想的同学的父母要特别注意这个问题。

因为任何孩子都希望自己是最棒的，有些孩子成绩上不去，屡遭挫折，心里已经很压抑，心情十分烦躁了，他们多么希望父母说几句鼓励的话，以减轻心里的负担。

如果父母不理解孩子此时的心情，偏要在孩子身边一遍遍唠叨此事，即使父母的用意是好的，但招来的却是孩子对父母的反感，而且因此伤害孩子的自尊心，导致孩子自卑、怯懦、缺乏进取的勇气，甚至厌学。

相反，如果父母对孩子有足够的信任，即便孩子遇到了困难，他们也能够充满自信，积极发挥主观能动性，有效地进行自我调整，把困难转化为促进自己努力进取的动力。

这不仅有利于激发孩子的学习兴趣，保持良好的学习情绪和心理环境，从而提高孩子的学习效率和学习成绩，同时也锻炼了孩子的自主性、创造性以及对自己和他人负责的能力。